# 禁断の恋魔術

好きな男の心理を
ブラックパワーで自在に操る

美湖 著

KADOKAWA

効きすぎ注意の
「恋魔術」と聞いて
あなたはどんな
イメージを抱きますか？

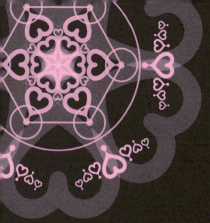

この本を手にしている人は
きっと多くの恋愛テクニックや
パートナーシップ術を
これまで試してきたことでしょう。

しかし、本書でお伝えする内容は
一般的な恋愛マニュアルとは
まったく逆の
アプローチかもしれません。

自分を好きになって
自己肯定感を上げるのではなく
心の奥に秘めた闇《やみ》のチカラ
〝ブラックパワー〟を使います。

魅力は魔力――。

恋愛の成否は魔力で決まるのです。
そのパワーを発揮させる
「禁断の恋魔術」を1冊にまとめました。

「あの人と結ばれたい」

「私にとって彼は特別なの」

「今回だけは、あきらめたくない」

そんな望みを胸に秘めていませんか？

初恋、片思い、
仲直り、復縁、
結婚、パートナーシップ……

さまざまな場面で
恋魔術は効果を発揮します。

「モグラ叩きの魔術」
「鏡の酔い魔術」
「ワガママの魔術」
「生まれ変わりの風呂魔術」
「キズナ作りの魔術」
「ツインクリスタルの魔術」

あなたの望みを叶える
6つの恋魔術を本書で伝授します。

報われない恋は
もうおしまいです。

ズルいくらいにうまくいく
「禁断の恋魔術」で
憧れの人を
振り向かせましょう!

# はじめに

あなたは「悪魔のチカラ」を借りてでも、叶えたい願いがありますか？

あなたは魔術を使ってでも、叶えたいことがありますか？

この本を手に取ってくださったあなたは、きっと今「心に描いている恋愛」を叶えたいのではないでしょうか？

**この本は、「悪魔の恋の魔術書」です。**本書には〝魔力〟が込められています。

実は、この本を手に取ってくださったあなたはもう、すでにその魔法にかかってしまっているのです。

「でも悪魔による魔術でしょ？　怖い！」と思った方。安心してください。

これまで一般的には、悪魔は怖いもの、避けるべきものとされてきましたが、悪魔の「魔」が本来持っている意味を、本書では紐解いていきます。

きっと、**あなたも魔法使いのように魔術を扱えるようになっていきますよ。**

皆さま、初めまして。美湖《みこ》と申します。

わたしは元々、プロミュージシャンとしてデビューし、現在はYouTuberとして活動しています。「ネオスピ（新しい時代の生き方）」をテーマに、これまで3冊の本を書いてきました。

幼い頃から目に見えない精神性を大切にする家庭に育ち、心の声に耳をすますことや祈ることを教えられ、今では天からのメッセージを降ろして発信しています。

そんなわたしはあるとき、信頼している友人から「美湖ちゃんは悪魔だよ。こっそり魔法をかけてるでしょ？」と言われました。

わたしは強烈なショックを受け、「自分が悪魔だとしたら、もう何もできない。これまでのYouTube動画も全部消さなきゃ。本当にごめんなさい……」と消え入るほど落ち込みました（母から睡眠導入剤を勧められて眠らされるほどでした）。

でも翌日、たまたまあるボイスワークに行き、いろいろな感情の声を出してみるワークを行いました。その中の1つに、「自身のネガティブな闇の部分、悪魔のような一面の声を出してみる」というワークがありました。

そして、心の奥底にあった闇の声を発したときに、「自分の中にある悪魔のような一面」をしっかりと感じることができたのです。

すると、なぜか全身にものすごいパワーがみなぎってきました！

同時に、**「この世界はポジティブだけではなくて、ネガティブもある」「光があって闇があって、陰があって陽があって、天も魔もあって、どちらもあって一つ」**と気づいたのです。

陰陽統合されてこそ一つなのに、光やポジティブといった「ホワイト」な部分だけでは、自分のパワーは半分の状態です。

そこで、**自身の闇や魔といった「ブラックパワー」を取り戻すことで、本来の最強**

**な自分のパワーが戻る**というメッセージが降りてきたのです。

この話を聞いて、皆さんはどう感じますか？

「確かに！」と思った方が少なくないのではないでしょうか。

光があれば、闇もある。

光だけ、なんて自然の摂理ではありません。

どちらもあって自然です。

闇と言われるブラックパワーの「魔」もあって当然。「魔」が悪いものではない、とご理解いただけたでしょうか。

皆さんも本来、ブラックな「闇」や「魔」のパワーを持っています。

でも、普段からポジティブな「ホワイトパワー」を意識している（意識しなければと思っている）方は多いと思いますが、ブラックパワーのほうはいかがでしょうか。

多くの方は、持っているブラックパワーをうまく使えておらず、パワーが本来の半分になっているのが現状なのです。

なんて、もったいない！

わたしは自身にブラックパワーが戻ってきたことで、それを体系化しました。そして今ではYouTubeやSNSなどを通じて、圧倒的なエネルギーで現実創造できる「ブラックパワー」として発信しています。

実は、以前のわたしは無意識にブラックパワーを使っていたようでした。

これまでで**最もブラックパワーを使っていたのが「恋愛」**です。本書を制作するにあたって、周りからそう言われたのです。

自分自身では無自覚でしたが、確かにわたしが「大好き」と思った相手とは、たいてい両思いになっていました。しかも、「こんなにすごい人、普通は無理なんじゃない？」というお相手と。

例えば、世界的に有名な奇才のアーティストや、チャンネル登録者が多数いるイケメンYouTuber、そして音楽雑誌に特集が組まれる天才ギタリストや、年商数十億円のカリスマ経営者。わたしの元旦那さんも、学生時代の成績は学年トップでファンクラブができるほど人気者だったそうです（けっして自慢したいわけではなく、ブラックパワーである「魔」のすごさを知ってほしいからお伝えしています）。

「そんなに素敵な男性を、どうやって振り向かせるの？」と思った人が多いかもしれません。これが「魔力」です。

**魅力は魔力なのです。**
**魔力には、望みを叶えるチカラがあります。**

そして、わたしは大人気の婚活塾講師をしていた経験もあり、これまでも多くの方に恋愛セッションをし、恋愛講座では80％以上の方が「愛される」を実感してくださいました。

この本では、**誰しも本来持っているブラックパワーを思い出し、その魔力を高めていく恋愛の方法を、美湖と親友の早川《はやかわ》リコちゃんとでわかりやすく紹介する構成になっています。**

リコちゃんは、憧れの男性を相手に、いつも実らない片思いばかりをしてきました。リコちゃんは男性からアプローチされることもあり、まったくモテないわけではないのですが、なぜか好きになった相手からは好きになってもらえません。

そんなリコちゃんの口癖は、「こんな私なんだから、相手から好きになってもらえる努力をしなくちゃ」です。

皆さんも、そう思われることはありませんか？


この本を手にされている皆さんの中にも、リコちゃんのような状況の女性はいらっしゃると思います。

過去に彼氏は何人かいたし、それなりに恋愛もしてきた。

でも、大好きすぎる相手や、心から憧れる理想の男性とは付き合えない——。

そんな女性たちに向けて恋魔術の本を書くために、ブラックパワーがわたしを通して立ち現れたように感じています。


ここで先に、ブラックパワーのネタばらしをします。

**ブラックパワーは、自分自身の内側にある自己嫌悪やネガティブといった「闇」です。**

先ほど友人から「美湖ちゃんは悪魔だ！　こういう部分があるでしょ？」と言われた話をしました。

「そんなことをしてはいけない！」「こんな自分なんてひどい！」と思っている、まさに悪魔のような部分は、いわゆる自己嫌悪している部分でした（わたしの悪魔性がなんだったのかについては、本書の最後にお伝えします）。

でも、どんな人にも、ネガティブな部分や自己嫌悪はありますよね？

そして、巷《ちまた》で皆さんがよく目にするような恋愛書や恋愛マニュアルには、このように書かれていませんか？

「自己嫌悪から始まる恋愛は絶対にうまくいきません、だから、まずは自分を好きになりましょう」って。

もちろん、それを否定はしませんし、素晴らしいことです。

自分を好きになることで、恋愛が実ることも大いにあると思います。

でも、それはホワイトパワーを増していく方法であり、半分のパワーで頑張っている状態です。

**本来持っているブラックパワーを取り戻して魔力を上げれば、もっと簡単に恋は実**

**ります。**

この本で皆さんにお伝えする方法は、一般的な恋愛テクニックとはまったく逆のアプローチになるかもしれません。

なぜなら、むしろ「自分のことが嫌いな自分」を丸ごと受け入れてあげる方法だからです。

そしてそれは、**心の底にある自己嫌悪の闇の穴から湧き上がる、ブラックパワーの「魔」を個性や魅力として無意識に表す方法**です。そのノウハウを〝恋魔術〟として一冊の本にまとめました。

そのため本書は、巷に出回っている恋愛戦略を何度も試みたものの、うまくいかなかった方には特にオススメです。

魔力や魔術などと聞くと、スピリチュアルになじみのない方は抵抗を感じてしまうかもしれませんが、そんな方にこそ、この本を最後まで読んでほしいとわたしは思っています。

さて、リコちゃんについて、もう少しお話をしましょう。

恋魔術を学ぶ前のリコちゃんは、わたしと違って大手銀行に勤めるバリバリの現実主義者で、スピリチュアルになじみのない女性でした。

ちなみに、リコちゃんが憧れて思いを寄せている男性は、彼女が通うピラティススクールで一番人気の男性講師である村川惣太《むらかわそうた》さんです。

リコちゃんはレッスンに1年以上通いながら思いを寄せていましたが、その男性はまったくと言ってもいいほど、リコちゃんに興味を持っている様子はなかったといいます。

本書は、リコちゃんのようにスピリチュアルになじみのない方をはじめ、次のような人たちにオススメです。

- **両思いになりたい相手がいる人**
- **運命の男性や結婚相手を見つけたい人**
- **最愛の人と仲直りしたい人**
- **復縁を望んでいる人**

・**人間関係が苦手な人**
・**恋愛のほかに、どうしても叶えたい夢や願いがある人**

こうした人たちに向けて、魔術の内容を理解しやすいように、本書ではリコちゃんの恋の軌跡を彼女視点で書いてあります。

もちろん、スピリチュアルが大好きな方にとっても、今までにはないまさに「ネオスピ」的なブラックスピリチュアルの話として、新鮮かつ本質的な情報になると思います。

**この本で紹介する魔術を実践すれば、恋愛だけでなく、人生におけるあらゆる望みがズルいくらいに叶っていく**ことでしょう。

そしてあなたは、冒頭にお伝えしたように、この本からすでに魔法をかけられています。

今、原稿を書いているわたしも、この本の魔法にかかりながら書いています。

この恋魔術の本を読み進めていけば、あなたは本来のブラックパワーを取り戻し、魅力も魔力も増し、「禁断の恋魔術」を扱えるようになっていきますよ。

さぁページをめくって、魔術の世界へダイブしてみてくださいね！

美湖

禁断の恋魔術　目次

ブックデザイン　小口翔平＋嵩あかり＋畑中茜（tobufune）
本文DTP　荒木香樹
カバー・本文イラスト　ヨシジマシウ
ライティング　クノタチホ
編集協力　土岐総一郎
校正　相馬由香
編集　河村伸治

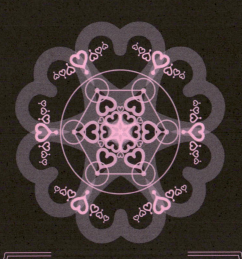

レッスン

# 0

# 自己嫌悪でも
# 恋愛がうまくいく
# 魔術

**美湖** どうしたの、リコちゃん。元気ないね……。さては片思いの彼と何かあったんでしょ!? みずくさいよ〜、美湖にちゃんと話して。チカラになるから。

最近、私は美湖ちゃんという人気のYouTuberと仲良くさせてもらっている。

美湖ちゃんは人の内側に眠るチカラを覚醒させるという動画を上げており、私のようにスピリチュアルになじみのない人間からすると、少し怪しい内容だ。

美湖ちゃんと友達になる前は、私はそうした情報からは距離を置いていた。

でも、たまたま音楽のイベントで私の隣で楽しそうに踊りまくっていた美湖ちゃんと仲良くなり、友達付き合いをするようになって、そうした偏見は薄くなっていた。

なぜなら、美湖ちゃんのライフスタイル自体が、とてもおしゃれでポップだったからだ。

スピリチュアルというと、薄暗い部屋でベールをかぶって予言するとか、古びた施設に集まってみんなで坐禅を組んで瞑想《めいそう》するとか……。

とにかく私の中では、近づいてはいけない異質の空気を放っているようなイメージを抱いていた。

しかし美湖ちゃんは、おしゃれでポップなライフスタイルに違和感のない、思わず若い女性たちが「可愛いから真似《まね》しよう！」と思うような習慣を発信し、今までのスピリチュアルと差別化することで人気者になっていったそうだ。

ポップで、おしゃれで、可愛い、新しい時代の生き方＝ネオスピリチュアル。略して「ネオスピ」をムーブメントにして、今までスピリチュアルになじみのなかった若い女性にも届くように発信しているのが、美湖ちゃんなのだ。


そんな美湖ちゃんの家と私の職場が近かったこともあり、今や宅飲みをする仲になってしまった。

美湖ちゃんと仲が良いことは、私の中の優越感の一つだったりする。

なぜ、美湖ちゃんが私と仲良しなのか？

それは美湖ちゃん曰《いわ》く、彼女はＯＬをしたことが人生で一度もないから、私がどんなことを考えているのか、どんな恋愛をしているのか、興味が尽きないらしい。

こうして私が元気でなさそうにしていると、いつも優しく話を引き出してくれる。

しかし、この日は少し違った。

もういいの。今回のことで脈無しってハッキリしたから。例のピラティストレーナーの彼に誕生日プレゼントをあげてから、日にちがけっこう経つのに、お礼もなんにも言ってこないの。
それに冷たくされるってある意味、ハッキリと態度で「無理」って言われてるようなもんだし。脈無しの女にしつこくされても相手は迷惑なだけだしさぁ……。

美湖ちゃんの飲むスパークリングワインの泡が、背の高いシャンパングラスから立ち上る。美湖ちゃんはすでに4杯目。実は私と飲む前にも飲んでいたらしいから、けっこうご機嫌だ。

「そんなことないよぉ。まだ相手はリコちゃんの魅力に気づいてないだけだよぉ」

いつもの美湖ちゃんならば、そんな寄り添いの言葉をくれる。

だから私は美湖ちゃんの優しさを期待して、いつものように甘ったれた本音を漏らしたのだ。

でも、この日の反応はかなり違う、まったく期待とは異なるものだった。
さっきまでご機嫌だった美湖ちゃんは、酔いが回ってきたのかグラスを置いて、少し大きな声で私に言った。

美湖　ねえ、リコちゃん。それって彼に聞いたの？　冷たくされたって言うけど、実際に何をされたのかな？

リコ　いや、プレゼントをあげたのがけっこう前なのに、会ってもその話題にならないんだよね。なんなら態度がそっけなくて。ひどいよね。もう無理なら無理って言えばいいのに……。

美湖ちゃんは珍しく、ため息をついた。
そして、思いきったような顔をして話し始めた。

美湖　リコちゃん、ちょっと厳しめに言うけどさ。美湖だったら、ぶっちゃけ今のリコちゃんのことが好きになれるとは思えないんだ。

美湖ちゃんは続ける。

美湖　これまでも片思いの彼のことは聞いてるよ？　でもさ、リコちゃんが本当にどんな気持ちなのか、相手のことが好きだっていうリコちゃんの思いがイマイチ伝わってこないんだ。

相手はどう思ってるかなとか、相手に迷惑じゃないかなとか……。**勝手に相手のことを決めつけるって、彼に対して愛がないと思うのね。**相手に確かめもしないで、決めつけてな〜い？

リコ　確かに聞いてないけど……でも確かめたら嫌われるかもしれないしさ。

すぐに美湖ちゃんが話を遮った。

美湖〈うーん、もうハッキリ言わせて。美湖が酔って忘れないうちにちょっと言わせて。リコちゃんさぁ、そんなんで本気で好きな人が振り向いてくれると思ってるの？リコちゃんってさ、相手はどう思ってるかなとか、相手に迷惑じゃないかなとか、すぐあきらめモードでウジウジしてさぁ。リコちゃんがその状態だと脈があってもうまくいく気がしないし、そんなんじゃ彼じゃなくても、何百回誰かを好きになっても一緒だと思う。

何かに取り憑《つ》かれたように言う美湖ちゃんに、私は唖然《あぜん》とした。

美湖〈ごめん。なんか美湖も、リコちゃんがそんな状態だったら、もう相談に乗る気持ちになれない。さらにごめんだけど、自分の本心に向き合わないリコちゃんは、誰かを好きになる資格すらないんじゃないかな⁉

優しい美湖ちゃんは私と友達になってから今まで、人を好きになってはウジウジしてすぐにあきらめモードに入る私の恋愛話を、何一つ否定せずに聞いてくれていたのだ。そんな美湖ちゃんが、この日はまるで別人のように詰めてくる様子に、びっくりした私はただただ固まってしまった。

そして今までも美湖ちゃんは、本心ではうまくいかないと思いながら私の相談に乗っていたのだということにショックを受けた。

美湖ちゃんも彼と一緒で、我慢をしてくれていただけなのだと思うと、私はその場を一瞬でも早く立ち去りたい気持ちでいっぱいになった。

リコ 美湖ちゃん、そうだよね。こんなずっとウジウジしてたら、さすがに美湖ちゃんだって嫌いになるよね。ごめんね、嫌な気持ちにさせちゃって。YouTubeで人気者の美湖ちゃんと、こうして一緒にいられるだけでもありがたいことなのに。ずっとこんなどうしようもない性格でさ。私には誰かを好きになる資格もなければ、美湖ちゃんの友達でいる資格もないよね……。私、頭冷やすね。

この日も美湖ちゃんの家にお邪魔していた私は慌てて、自分の荷物を手に取って帰ろうとした……。その瞬間だった。

「リコちゃん！」と、私のほうをキッと睨みつけながら、美湖ちゃんは大きな声で言った。その顔を見ると、なんと美湖ちゃんは泣いていた。

美湖ちゃんの私への怒りに見えた感情は、その底にあった悲しみへと表情を変えていた。

目を抑えながら、美湖ちゃんは言った。

美湖〈なんでリコちゃんは、自分のことをちゃんと見てあげないの？　自分では気づいてないかもしれないけど、好きって気持ちだけじゃなくて、リコちゃんは自分の奥底にある感情、全然見てあげられてないじゃん。悲しいよぉ、苦しいよぉ、寂しいよぉってエネルギーがだだ漏れしてるじゃん。リコちゃんは無意識かもしれないけど、オブラートに包めていると思ってるかもしれないけど……。見てるこっちも悲しいし、苦しいし、寂しいんだよ。

酔いも手伝ってなのか、美湖ちゃんはボロボロと泣いている。

美湖ちゃんにそう言われ、その涙に促されるように私はカラダの内側に込み上げる感覚を見つけた。

最初はかすかに、みぞおちから胸の辺りに熱を感じた。そして胸の辺りに見つけたその熱はやがて喉を通り、鼻の辺りまですごい速さで上っていった。

「ヤバい!!　これ泣いちゃうやつだ!!」

私は慌てて、その込み上げる感覚を抑えようとした。

すると、まるでその熱の動きを見ていたかのように、美湖ちゃんは私に向かってさらに大きな声で叫んだ。

**「その感情、止めちゃダメだから!!」**

その声からは、言葉とともに「自分の感情と向き合え!!」という美湖ちゃんの熱いメッセージが伝わってきた。

そうして私は、込み上げる感覚を抑え損ねて滝のような涙を流していた。私はそれをぬぐうことなく、あふれるままにただただ流した。これほど思いのままに泣いたのは、大人になってから初めてかもしれない。

するとそのうち、自分の内側から涙とともに何か温かい感覚があふれてきた。

「泣けてよかったね。これまでのリコちゃんの闇が涙とともに出てきたよ。闇に光が当たってきたね」と美湖ちゃんが言った瞬間、こんなにも自分の気持ちを溜め込んでいたのだと気づいた。

**こんなにも自分の思いに気づかなかったなんて。**

**こんなにも自分自身の感情に蓋《ふた》をしていたなんて。**

気づけてよかった、と心から感じた。温かさはその安堵《あんど》感からだった。

そしてそれは、閉じ込められていた闇に光が当たったかのような温かさだった。

「私のすべてを、私が受け入れてくれた」

そう感じた瞬間、なぜかその自分の思いと片思いの彼が重なって、錯覚を起こしそうなくらい優しくて温かい表情をした彼の顔がハッキリと思い浮かんだ。

今までも包容力のある男性に恋をしてきた私だったけれど、こんなにも強く温かい感情を抱いたことは一度もなかった。

現実では何も起きていない。特別な関係だと認識できるようなことは何も――。

でも、自分の内側からの温かい思いと、イメージから湧き上がる彼の温かさが交わり、彼の存在がいっそうかけがえのない特別なもののように感じた。

リコ 美湖ちゃん……。やっぱり今回だけはあきらめたくない。私にとって彼は特別なの。彼だけはあきらめたくないよ！

涙を流したことで私のハートが開いたのか、温かさに包まれたことで私のハートが強くなったのか――。このとき、自分の気持ちに正直になる勇気を持とうと決めた。だから、友達になってから一度も美湖ちゃんに何かをお願いしたことのなかった私は、勇気を振り絞ってこう言った。

リコ 美湖ちゃん、教えてほしい。美湖ちゃんみたいに自分の気持ちに素直になって、好きになった相手にちゃんと振り向いてもらう方法を。美湖ちゃん、どうかお願い！

そう言葉にすると、美湖ちゃんは私をギュッとハグして、こう言った。

美湖〈うん！　美湖はね、リコちゃんが自分で変わる決意をするときを、ずっと待ってたんだよ。

そう言って美湖ちゃんはすぐに、ハグしてくれた手をパッと離し、エネルギーを切り替えるように言葉を続けた。

美湖〈じゃあ、最初にちゃんと直視しないといけないのは、リコちゃんがずっと見ないフリをしてきた、心の底にぽっかりと空いた闇の穴だよね。

それは**自己嫌悪の穴**。リコちゃんは気づいていないかもしれないけど、リコちゃんが自分以外の誰かに強く憧れる原因は、強烈な自己嫌悪なの。

**リコ** 自己嫌悪？

**美湖** どういう意味かと言うと、「私のことがあまり好きではない私は、大好きになった**あなたに好きになってもらうことで、初めて私のことを好きになれそうです**。だから、私のことを好きになれない私よりも先に、あなたがこんな私を好きになってください。すると、私は自分のことが好きになれます。自分が好きになれない人間を先に好きになってくださいというお願いは自分勝手だと思いますが、もし可能であればどうぞよろしくお願いします」って要求を、好きになった相手に無意識にしてしまってるんだよね。

**リコ** ……。

美湖 そうすることによってしか心の穴は埋まらない、もしくは、それが心の穴を埋めるベストな方法だ、といった間違った思い込みの中で、リコちゃんは無意識にそうしちゃっているの。「私は、自分でも好きになれないような、つまらない存在です」って言っちゃってるわけ。
そんな女性に魅力を感じる？　相手にも失礼だし、自分からパワーを失っている状態なの。だから、恋愛相手に全然振り向いてもらえなかったり、拒絶されたりするわけ。というか、リコちゃん自身がそうしちゃってるの。リコちゃんの恋愛パターンってまさにそうじゃない？　リコちゃんは無意識だと思うんだけど、美湖には感じちゃうんだよね。リコちゃんが自分を全然好きではないことを。

リコ 私が……自分のことを好きじゃない？　それどころか自己嫌悪？　そんなの考えたこともなかった。一般的には見た目も別にコンプレックスを持つほどではないし。現に「キレイ」とか「可愛い」って言ってくれる男性もボチボチいるし。
それに、地方銀行だけど新卒で入社してもうすぐ10年で、収入も安定してるから、お付き合いした男性とも自立した関係を大切にしてきたし。割と世間的なスペックとしては〝いい女〟って自分のことを評価してきたんだけど。

もちろん私は、美湖ちゃんみたいなYouTuberってワケでもないから、人気者で特別な存在だとまでは思わない。でも、私の身の丈にはあった幸せを手に入れてるって、それなりに自己肯定してるよ。

というか、ちょっとショックだな。美湖ちゃんが私のことをそんなふうに見てたなんて。なんで美湖ちゃんは、私が自己嫌悪を抱えていると思うの？

美湖 ショックって、なんか勘違いしてない？ 美湖は自己嫌悪が悪いなんて言ってないよ。むしろ逆。美湖は自己嫌悪があっていいと思ってるよ。**実はその闇は、素晴らしいエネルギーを持っているの！**

それに、自分のことが嫌いじゃない人なんていないよね。もちろん程度の差はあるけど。みんな大なり小なり、自分の嫌いな部分っていう闇が自分の中にあるよね。問題は、自分を嫌う自分が嫌いになっちゃうことなんだよ。

リコ えっ!? 自己嫌悪は素晴らしい？ それに自分を嫌う自分が嫌いって……自

分って何重層なの？　私ちょっと混乱してきたよ……。


美湖　簡単に言うとね。**「自分の嫌いな部分があってもいいじゃん」って思ってる人と「自分の嫌いな部分があったらダメ」って思ってる人**と、自己嫌悪の闇に対してまったく違う二通りの向き合い方をする人がいて。

「自分の嫌いな部分があってもいいじゃん」って思っている人は、闇を魅力や個性にうまく変換することができるんだよね。

それに比べて、自分の嫌いな部分があったらダメ派の人は、自分の嫌いな部分があるせいで人生がうまくいかないと無意識で思い込んだり、ひどい場合だと自分の嫌いな部分をかたくなに見ないようにしたりするの。

恋愛をするとね、闇があぶり出されるんだよね。特に、憧れるくらい大好きな人との恋愛だとあぶり出されまくる。闇をどうとらえているのかが——。

リコ　……。

美湖〈どんな自分が嫌いなのか。自分の嫌いな自分とどう向き合うのか。それが好きになった相手を追いかける姿勢に全部出ると美湖は思ってるの。そして、そんな自分との関係性が、相手との関係性にも反映されてくるんだ。だから、ハッキリ言うけど、**自分との関係性を良くしないと相手に好きになってもらえないんだよ。**

美湖ちゃんのその言葉に、私は一瞬、頭が真っ白になった。

私は今まで、恋愛をして誰かを大好きになったときの苦しい思いに耐え切れずに、いつも早々に自分の思いに蓋をしてきた。

最初は「今回こそ自分が憧れる理想の人と付き合おう！」と決意して、片思いの相手を追いかけるものの、好きになった男性に愛されずに拒絶される苦しみに私は免疫がなかった。

だからいつも、ほどよく追いかけて、無理かなと思ったらあきらめていたし、あきらめる言い訳を友達に愚痴って賢い女のふりをしていたのかもしれない。

そう言われてみると、私は間違いなく〝自己嫌悪〟していたし、恋愛をして自分の嫌いな自分を見るのがつらくて、無意識に逃げまくっていたのだ。

そんな私のことを、美湖ちゃんは今までどのように見ていたのだろうと想像すると、私は美湖ちゃんの顔を見るのが怖くなった。

「私のことが嫌いな私」と向き合うことを避け続けてきた女。美湖ちゃんの目に私がそんなふうに映っていたとしたら、「ウジウジしてる奴」以上に最低の人間だと評価されていても仕方ない……。

でも、私の口から反射的に出た言葉は、まるで今まで好きになった男性に聞きたかった、相手の本心を確かめるような言葉だった。

リコ　こんなこと聞くの、本当は怖いんだけどさ……。すぐに好きって気持ちに蓋をする私のこと、美湖ちゃんは本音ではどう思ってたの？

美湖　本音で？

美湖ちゃんはそう聞き直すと、なぜかうつむいたまま少し間を置いた。

その少しの間が私にはとても長く感じたが、美湖ちゃんから出てきたのは意外な一言だった。

**美湖**〈リコちゃんのこと、愛おしいなって思ってたよ。だってリコちゃん、あきらめるの早いくせに人を好きになることをやめないでしょ？　それって自分の気持ちに向き合うことをあきらめていないってことじゃない!?

何回も何回も向き合おうとしてはあきらめて、また向き合おうとするリコちゃんを愛おしいって思ってたよ。さっきも言ったけど、そういう部分って素晴らしいエネルギーだと思うんだよね。

美湖ちゃんは、少し悪戯《いたずら》な目をしながら、にっこり笑って話を続けた。

**美湖**〈さっき、美湖が怒ったように見えたのは、きっとリコちゃんの気持ちが美湖に乗り移ったんじゃないかなって思うの。

心の底にポッカリと空いている自己嫌悪の穴からあふれ出ている闇と、そろそろちゃんと向き合いなさいって、リコちゃんの魂からのメッセージなんじゃないかな。

**リコ** 心の底に空いている穴から出た自己嫌悪の闇と向き合う？　それって「まずは自分を好きになりましょう」みたいな感じで、ご自愛しなさいってこと？　どの恋愛本を読んでも、恋愛系のYouTubeを見ても、「まずは自分を好きになりましょう」みたいなこと、みんな言ってるもんね。

**美湖** うん。ご自愛は王道中の王道なんだけどさ。美湖がこれからリコちゃんにお伝えする方法は、ちょっと、いや、全然違うかな。

「まずは自分を好きになりましょう」もいいんだけど、自分のことを嫌いな自分もいていいんだよ。だって、どうしても自分を好きになれない自分もいるじゃん？　それも自分の素直な気持ちじゃん？　そんな自分がいても良くない？

自分のことを好きになれない部分があって、それもひっくるめて美湖は人間らしさだと思うの。そういう人間らしさって、なんか美しくない？　なんか可愛くない？　尊くない？　人間だもん。

リコ　確かに。

美湖　だから、わたしは自分に対する「嫌い」って気持ちもあっていいと思ってる。それだけでもホッとするよね。でもね、この闇はもっとすごいの！　そういう「自己嫌悪している、闇な自分もいる」ってわかってあげると、ネガティブなエネルギーもパワーに変換されてくるの。まるで錬金術みたいに。

リコ　えっ、そうなの!?

美湖　ポジティブなエネルギーにパワーがあるのは、みんな知っているよね？　だから「自分を愛しましょう」とポジティブなパワーを高めていく方法が、一般的にもよく推奨されてる。
もちろん、この「ホワイトパワー」も素晴らしい。でも、闇のようなネガティブなエネルギーも誰もが持っているし、それも実は「**ブラックパワー**」として素晴らしいエネルギーを秘めているんだ。

リコ　ブラックパワー？

美湖　ブラックパワーは自覚して使うとね、ホワイトパワーよりもはるかにパワフルなの。**波動が高い、低い**って聞いたことあるよね？　愛にあふれるような感じを波動が高いと言ったりするんだけど、それがホワイトパワー。

一方で、実は**波動が強い、弱い**もあるのね。ブラックパワーは波動が強い感じなの。

そして、**望みを叶えたり現実を動かしたりしていくには、波動の強さが大事なんだよね**。

なんというか、自分の思いを叶えていくために主張するパワーみたいな、自分に軸がある感じ。特にハイスペックな男性って、自分軸のある女性に魅力を感じる人が多いと言われているし。

ブラックパワーを使うにはちょっと練習が必要だけど、マスターしたら恋愛はもちろん、あらゆる望みが叶っていくすごい魔法を手に入れることになるんだ！

リコ　自己嫌悪の心の穴から立ち上るブラックパワー。なんか聞いただけでも私、ゾッとしちゃうんだけど。なんか自分が自分でなくなっちゃうような……。でも、「人間だもん」って聞いて、さっき美湖ちゃんが私のことを愛おしいって言ってくれた理由がなんかわかった気もする。美湖ちゃんの中では、自分を好きになれない自分ですらオールＯＫだし、逆にそこにパワーがあるんだね。

美湖　わたしは、スピリチュアルな仕事をする前、元々はプロのミュージシャンだったでしょ？　音楽もそうだけど、アーティストって心の奥底にある闇から立ち上るブラックパワーをクリエイティブに変換して、芸術として表現してると思うんだ。もちろん、ホワイトパワーの芸術もある。でもブラックパワーからの芸術もある。ブラックパワーの闇は、心の深い部分から出るからこそ、理解されないこともあるけど、クリエイティブに変換していくとその人の個性みたいな部分になるんだよね。その強い個性が出るから、深い本質からの素晴らしい芸術になるの。芸術家の岡本太郎《おかもとたろう》って知ってるでしょ？　「芸術は爆発だ！」って言葉が有名だけど、

「芸術は呪術《じゅじゅつ》だ！」とも言っているの。呪術はまさに闇のブラックパワーなんだ。

まるで何かが乗り移ったような口調でニヤリと笑う美湖ちゃんを見て、私はゴクリと唾を飲み込んだ。

美湖〈ブラックパワーは、美湖がアーティストとしても、いち人間としても大事にしてるパワーなんだ。でね、このブラックパワーは芸術だけでなく、人生のあらゆるジャンルに当てはまることなの。心の奥の闇から立ち上るブラックパワーを、ちゃんと正しく自分のパワーとして扱えるようになると波動も強くなるし、恋愛でもなんでも魔法のようにうまくいくんだよね。

リコ〈そんな魔法のようなこと、スピリチュアルな美湖ちゃんだからできるだけで、普通に銀行窓口で投資信託を勧めてる私には到底できっこないよ……。

美湖〈熱がこもって、難しく言っちゃってごめんごめん。大丈夫！ ブラックパワーは誰もが本来持っているパワーだから、この魔法をちゃんと知れば誰でも使えるようになるよ。リコちゃんは向いてると美湖は思うけどな。でも、リコちゃん次第だよ。「今回だけは絶対にあきらめたくない」って、さっき美湖にそう言ったけど、どうする？　ブラックパワーの魔術、知りたい？

そう言って美湖ちゃんは小悪魔のような笑みを浮かべながら、私のことをギロッと、まるで生贄《いけにえ》を見るような目で見つめてきた。

リコ　何？　美湖ちゃん、その顔ちょっと怖いよぉ。でも、なんかちょっと可愛い！　ブラックパワー？　魔術？　そんなもの私に使いこなせるかなぁ。

美湖　ふふふ。美湖が伝授するんだよ？　使いこなせないワケがないじゃん。自己嫌悪の心の穴の闇から立ち上るブラックパワーを使いこなす術式のことを、美湖は魔術って呼んでるの。

恋愛に使うなら「**恋魔術**」だね。今までとは違う、小悪魔による「禁断の恋魔術」作

戦！　多くの人が憧れるような魅力的な人は、意識的にも無意識的にもこのブラックパワーを使いこなしてるよ。女優さんも、ミュージシャンも、アイドルも、経営者も、人気のキャバ嬢さんも、みんな、みんな。素敵にブラックパワーで魔術を使いこなしてる人ばっかり。もちろん使い方には要注意な側面もあるけど、美湖は魔術の達人だから任せて。

　魔術という禍々《まがまが》しい言葉には不安しかなかったが、それとは裏腹に、その言葉を自信満々に発している小悪魔のような美湖ちゃんがあまりにも可愛くて、魅力的で、思わず私は見惚《みと》れてしまった。

もしかしたら、**「魅力は魔力」**なのかもしれない――。

私は彼女がいつも大きなステージの上で放っていた輝きが、**彼女の大切にしているブラックパワーと、ハートに湧き上がる愛のホワイトパワーとがブレンドされたもの**であることに気づいた。

私は今まで美湖ちゃんのことを「完全な自愛からなるホワイトの人」というように歪曲《わいきょく》して見ていたようだ。

でも、美湖ちゃんは自分を愛する自分も、自分を嫌いな自分も全部ひっくるめて受け入れているからこそ、ホワイトとブラックがブレンドされてうねりの渦《うず》となり、とてつもない魅力を放っているように感じた。

そして次の瞬間、その陰陽がブレンドされた不思議なエネルギーに触れた私は、魔法にかかったようについ軽返事をしてしまった。

**リコ** うん……。ちょっと怖いけどやってみようかな、恋魔術。「今回だけは絶対にあきらめたくない」って言ったのは私だし、私の魂が美湖ちゃんに乗り移ってたし（笑）。怖いけど、覚悟を決めないとだね！

美湖〈もう！　怖がりのリコちゃんも愛おしいよ！　大丈夫、美湖が手取り足取り教えてあげるから。

そう言いながら美湖ちゃんは、ピョンと私に抱きついて頬でスリスリしてきた。この無邪気で小悪魔的なコミュニケーションもすべて、美湖ちゃんの言う魔術の一部であることを知るのは、まだ先の話なのだけれど――。

美湖ちゃんと出会って以来、初めて彼女の魅力の奥にあるカラクリに触れた私は、このときかすかに、ブラックパワーが自分のものになることを期待し始めていたのだった。

美湖〈じゃあ、リコちゃんに魔術を伝授する前に、基本のこれだけは毎日やって！すごく魔力が増してくるから！

パッと私から離れた美湖ちゃんは、ある呼吸法を嬉しそうに教えてくれた。

恋魔術の前に…

## みぞおち呼吸

1 ゆっくりと深呼吸を数回繰り返す。

2 鼻から息を吐きながら、みぞおち（横隔膜《おうかくまく》）にチカラを入れて限界まで吐き切る（できればお尻の穴や膣にもチカラを入れながら）。

3 次にみぞおちからパワー（魔力）を吸い上げるイメージで、鼻から息を吸う。

4 吸った息を止めて、鼻の奥（眉間の奥、頭の中心にある松果体《しょうかたい》）でパワー（魔力）を感じる。

5 ゆっくりと鼻から息を吐きながら、吸い上げたパワー（魔力）を、全細胞、全エネルギーに広げるイメージで全身に巡らせる。

6 自然な呼吸に戻して、最初からの流れを数回繰り返す。

### 解説

魔力（パワー）はみぞおちから湧き上がります。みぞおちに力を入れることで魔力を強めて、呼吸でその魔力を体内に満たしていきましょう。

魔力を吸い上げ、全細胞にいきわたらせることで、より大きな魔力が全身に満ちていきます。

また松果体は、左右の大脳半球の間にある器官です。「第三の眼」として知られ、現実を動かすコックピット、現実を映し出すプロジェクターとも言われています。「みぞおち呼吸」で魔力を吸い上げて松果体を活性化させることで、現実世界を望みどおりに動かすベースが作られていきます。できるだけ毎日行いましょう。

レッスン

# 1

# 執着状態から自分を取り戻す魔術

「前までだったら、このタイミングで目を合わせてくれていたのに……」
「前までだったら、このタイミングで声をかけてくれていたのに……」

ピラティストレーナーの彼に誕生日プレゼントを渡して以来、私は彼の態度をより細かくチェックするようになってしまっていた。

自分の呼吸や細かい背骨の動きに意識を向けることが重要な、ピラティスのレッスン。そんなレッスン中も、私の意識はずっと彼の目線や表情を追いかけてしまっていたのだ。

心身のバランスを整えるために始めたピラティスだったが、私の心とカラダはまさにバラバラの状態になってしまっていた。

「これでは何のためにピラティスに通ってるのか、わからないよな……」と私はため息を漏らしながら、この日もスタジオを後にした。

私はこの日、ピラティスのレッスン後に美湖ちゃんの恋魔術のレッスンを受ける予定を入れていた。

「魔術を習う」という初めての経験に少し怖さや戸惑いがあったし、魔力や魔術なんてまだ信じられない気持ちもあった。

「まずは信じることが何より大事。そうしないと魔力がしっかり発動されないから、魔術にならないんだ」

この前、珍しく真剣な顔で言った美湖ちゃんの言葉を何度も思い返していた。

今、とにかく彼のことで頭がいっぱいで、ほかのことが手につかない状況をなんとかするには、もう手段を選んでいる場合ではない気がしていた。

そこで私は、美湖ちゃんの好物であるスパークリングワインを片手に、美湖ちゃんの家に向かった。

美湖〈やっほー♡ リコちゃん。わぁ、スパークリング買ってきてくれたの？ 嬉しい、ありがとう。ところで、ピラティスのレッスンはどうだった？ 今日だったんでしょ？

そう明るく出迎えてくれた美湖ちゃんに、私は正直に現状を打ち明けた。

リコ　美湖ちゃん……全然ダメだよ。集中できなくてさ。ピラティスのレッスンは自分のカラダの感覚や呼吸に意識を向けないといけない時間なのに、彼の態度ばっかり気にしちゃってさ。

「なんでちゃんと私と目を合わせてくれないんだろう？」とか雑念でいっぱいで。**これって執着だよね。**

美湖　へぇー。ピラティスってそんな瞑想的な要素もあるんだね。面白そう！　美湖もやろうかな。……って、私のことはいいんだけど（笑）。

ピラティスのレッスンに集中できないということは、彼に意識が行っちゃって、自分に戻ってこられない状態だよね。意識の執着状態。相手を好きすぎるとそうなっちゃうよね、わかるわかる。

でも、ちゃんと「意識が彼に行ってる」ってわかってて、リコちゃんすごいよ！　その自分の状態すらもわからない人が多いのに。

じゃあさ、今日はまず美湖が、憧れの男性や大好きすぎる**相手に執着してしまってい**

**る状態という「闇」をブラックパワーに変換する魔術**を教えてあげるね♡　いよいよ魔術のレッスンだよ！

美湖ちゃんはまた小悪魔のような表情で、嬉しそうにそう言った。

リコ〈美湖ちゃん、そんな魔術を教えてくれるの？　神すぎるぅ……。

美湖〈リコちゃん！　相手のことが好きすぎて何も集中できない、これこそが恋の持つ最強パワーだから、それくらい好きというホワイトパワーを発していることは素晴らしいの！　まず、そんなホワイトパワーが出てる状態をプラスと思ってね。
でも、好きすぎて意識が彼に執着しちゃってる状態はつらいよね。**何よりそんな執着した状態だと恋愛がうまくいかないんだ。**
なぜなら、意識というエネルギーが自分自身から離れて、彼にばかり向かっちゃっているから。

リコ　この執着が強い状態、つらすぎて本当になんとかしてほしいの。

美湖　うん、そうだよね。美湖も好きな人ができたら、めちゃくちゃ執着状態になったりするときもあるから、わかる！
でも、この執着のブラックパワーを逆手に取って、自分へのパワーにするとっておきの恋魔術を教えてあげる。それは、「**モグラ叩きの魔術**」！

リコ　モグラ叩きの魔術？　なんだか楽しそう。

美湖　でも、その前にちょっとお勉強。リコちゃん、「憧れ」って言葉の本来の意味を知ってる？　実は、今から教える魔術を使いこなすためには重要なことなの。

リコ　憧れの本来の意味？　わからないけど、心が強く相手の魅力に惹きつけられることじゃないの？

美湖 そうだよね。みんなそうして解釈してるよね。美湖も昔はそう思ってたよ。でもね、憧れという言葉は「あくがる」という動詞が語源なんだよね。

辞書で調べてみると、「あくが・る【憧る】」は「心が体から離れてさまよう。上の空になる。どこともなく出歩く。疎遠になる」といったような意味が書かれてるの。そして、「現代語〝あこがれる〟の元となった言葉だが、現代語と同じ意味には用いない」といった注釈がついてたりするんだけど、現代でもその意味や本質は変わらないとわたしは思ってるんだ。

「憧れ」は、意識が自分自身から離れて、ほかの誰かのほうに出歩いてしまうほどの状態を作ってしまう。

つまりは、憧れる理想の男性、大好きすぎる人と出会ってしまうと、抜け殻のようになって自分自身を見失い、相手に執着してしまうわけ。まさに、今日リコちゃんが話してくれた状態だよね。

リコ 憧れは、意識が自分自身から離れて、ほかの誰かに執着してしまう状態？ひぇーー。誰かに執着すると幽体離脱《ゆうたいりだつ》みたいになるって話なの？ 急に魔術的な話になってきたよ。怖い怖い……。

でも、抜け殻という表現はまさに今の自分だなと感じる。私、ピラティスのレッスン中ずっと抜け殻状態で、上の空だったもん。

美湖　リコちゃん、怖がらなくて大丈夫。わたしたち人間って、意識のしくみを知れば知るほど愛おしいから。

幽体離脱して意識が好きな人のところに行くのって、なんか新しい飼い主に懐こうと尻尾を振って飛びつくワンコみたいじゃない？

リコ　確かに、そんな感じにワンコをイメージすると愛おしいし、可愛い。本当だ、私たちって可愛いね（笑）。

でも、好きな相手を新しい飼い主って解釈しちゃったら、ちょっとまずいんじゃないの？　それじゃあ私の意識は相当頭が悪いワンコみたい。

美湖　こらこらリコちゃん！　そんな言い方したら自分にもワンコにも失礼だぞ。ワ

ンコが悪いんじゃなくて、意識の飼い主さんであるリコちゃんが、意識の躾《しつけ》をうまくできていないせいもあるんだからね。そのワンコの躾になるのが……意識を戻す「モグラ叩きの魔術」なの！

**リコ** 待ってましたぁ！　ワクワクしてきた。

**美湖** うん、この魔術はやってると楽しくなってくるよ！

やり方は簡単。まず、彼へ意識が行っちゃってること、意識が飼い主である自分から離れちゃったことに気づいたその瞬間、**モグラ叩きのように反射的に、**

**「そんな私って可愛いね！」と心の中で自分に言ってあげるの。**もう彼に意識が行っちゃって、戻ってこられないくらい好きってことでしょ？　それって可愛くない？（笑）例えばワンコだとしたら、尻尾を振って向かっていっちゃうほどって、なんか愛おしいな、可愛いなって思わない？

リコ　うん。ワンコって思ったら、執着しちゃう自分も可愛く思えてきた。

美湖　でしょでしょ？　執着の意識がモグラのように顔を出してきたら、彼に意識が飛んじゃって戻ってこられないなんて、「そんな私って可愛いね！」と心の中で、自分に言ってあげてみて。

あ、でも別に「可愛い」って言葉がしっくりこなかったら、**「そんな私って面白いね」でも、「頑張ってるね、そう思っちゃたんだね」でも、なんでもいいの。**とにかく、**「飼い主である自分に意識を戻すこと」が大事なんだ。**

リコ　飼い主である自分に意識を戻すって、どういうこと？

**美湖** 彼に意識が飛んで執着しているのは、つまり抜け殻状態だよね。意識の矢印の向きが彼のほうへ行っちゃってるでしょ？

でもね、「そう思っちゃう私って可愛いね」と思うってことは、**意識の矢印の向きが「そう思っちゃう私」のほうに、つまり自分に向くの！** これが自分に意識を戻すということ。

エネルギーの矢印が自分に向くから、そのパワーによって、周りの人や好きな男性も巻き込まれていくんだ。

あとさ、抜け殻の状態ではもちろん自分のパワーが出ない。でも自分に意識が戻ると、自分からパワーが出るよね。自分に軸を戻すってこういうこと。自分軸を持っている人ってパワーがあって魅力的な感じがしない？ 男性も魅了させちゃうんだ。

**リコ** 確かに！

**美湖** さらに、この「モグラ叩きの魔術」のすごいのが、執着という闇に対して「そう思う自分の闇、可愛い」って言ってあげることだから、**闇の自分もそのままで可愛いんだよ、面白いんだよって“そのまま”受け入れてあげることになるんだよね。**闇が出てこないようにするんじゃなくて、闇が出ても可愛いからいいよって、そのまま受け入れてあげる。

だから、闇が出たら出たぶんだけ、「自分を可愛い」っていう**自己愛も高まっちゃう魔術**なの。自己愛が高まると周りからも愛される。

まさに、闇というブラックパワーをそのまま恋愛パワーに変換できちゃうのがモグラ叩きの魔術というわけ!

リコ　本当だ、すごいすごい!

美湖　でね、今日はもう一つ、魂のお勉強をしよう。

魂ってさ、元々は一つの集合体なのよ。美湖の魂も、リコちゃんの魂も、その彼の魂も。さらには有名芸能人の魂だって。いろんな人の魂は全部、区別のない塊の状態だったの。

ワンネスとか、集合的無意識とか、大いなる宇宙とか、いろんな言い方をするんだけど、元々はとてつもない「大きな魂の塊」だったの。

その大きな魂の塊には、何か体験したいこととか学びたいことが、いろいろあるの。

でも、大きな塊のままだと、こまごまとした体験ができないでしょ？　だから、大きな魂の塊から「私は地球に行ってみよう！」って飛び出して、地球上の肉体である「私」に宿るわけ。

だから、わたしたちの存在のことを〝創造主の分《わ》け御霊《みたま》〟なんて言う人もいるの。

リコ　なるほど〜。

美湖　でね、その魂って、飛び出てきたときに地球で体験したいことや、地球で学びたいことを決めてきてるんだよ。それが「**地球ストーリー**」なの。
「自分自身である〝魂監督〟による、主演女優・私での地球ストーリー」だから、魂監督が決めてきた地球ストーリーの意図を主演女優の私が読み取って、地球ストーリーのままに生きようとすると、不思議なことに、みんな人生が良い方向に進んでいくんだよね。恋愛も、仕事も、人間関係も、全部良い方向に進むの！

魂監督が決めてきた地球ストーリーを、主演女優の私に体験させてあげることが、わたしたち一人一人の人生の意味なんだ。そして、それこそが「大きな魂の塊」が喜ぶことなの！

**リコ** そうなの⁉

**美湖** でもね、わたしたちはみんな、地球ストーリーで何を体験したかったのかを完全に忘れてしまうところから人生って始まるのね。だって、ストーリーがわかっていたら、そんな映画はつまらないでしょ？

だから魂監督のストーリー設定は、主演女優であるわたしたちの記憶には上がらないようにできてるわけ。でもね、ストーリーを体験したり、意図を読み取ろうとしたりするうちに、魂監督の意図や設定を思い出していくんだ！

逆に、地球ストーリーを体験しないと、魂監督の意図とはかなりズレた人生になってしまいがちなの。

本当は「世界中を旅して暮らしていく」ってストーリーを決めてきてるのに、主演女優の私が「そんな人生なんて、うまくいくわけがない……」とあきらめて家にこもって毎日を送ったり。

本当は人前で歌ったり踊ったりしたいのに、生活の安定のために全然関係のない仕事をして、自分の望みに気づかないよう気持ちに蓋をして過ごしていたり。

リコ　うんうん。

美湖　そんな生き方を選択し続けると、主演女優の私が魂監督の決めた「地球ストーリー」とは違う生き方をしちゃってるわけ。そのズレによって「自己嫌悪」が生じて、自分のことが嫌いになっちゃうんだ。

自己嫌悪って他人よりも何かが劣っているとか、他人と比べて何かが足りないから生じると思っている人が多いけど、本当は違うんだよね。

魂監督だって自分自身なわけだから、「監督の私」と「主演女優の私」がズレてくると、自分をどんどん嫌いになるようにできているんだよ。

つまり自己嫌悪は、「魂監督のストーリーとは違うよ」ってサインだったり、「体験したいことがもっと別にあるよ」っていうネガティブ感情としてのサインだったりするわけ。だから、生き方が魂監督のストーリーとズレていると**「ちがぁーーーーーう!!」**ってネガティブな感情でサインを送ってくれてるだけなの。

**リコ** 信じられない……。霜降《しもふ》り明星《みょうじょう》の粗品《そしな》くんも、せいやくんも、私も、彼も、元は一つの魂だったの?

**美湖** そこは誰でもいいから（笑）。ジョン・レノンでも、ボブ・マーリーでも誰でも。大事なのは、魂にはそもそも「体験したい」って意図していた目的があるってことなの。魂監督が決めた、主演女優・私の地球ストーリーがあるってこと。

**リコ** ごめん、変なことを言っちゃったね（笑）。
でも、地球ストーリーにたとえるとわかりやすいね。自分自身である魂監督と、自分自身である主演女優・私による地球ストーリー。でも、そのストーリーを忘れちゃっ

て「何を目的として地球に来たんだっけ？」みたいな状態が私たちの日常ってことなのね。

じゃあ、憧れの理想の人との恋愛っていうのが、魂監督が決めてきた地球ストーリーなの？　女に生まれたからには憧れの男性との恋愛をしなきゃ、みたいな決まりがあるの？

**美湖**〈それも、そうなんだけどね……。ちょっと違うの。魂監督の意図や、この地球ストーリーはもっと奥深いんだよ。この地球で理想の人、大好きな人との恋愛もしたいんだけど、その恋愛体験を通して「**主演女優の私が学びや成長をして**

**いく」「主演女優の私が魂監督の意図や地球ストーリーを思い出して、自分らしく生きていく」そんなストーリーなんだよね。**

物語の映画って「主人公の成長」が一つのテーマだったりするじゃん？　この恋魔術の本のリコちゃんみたいに（笑）。

リコ　え？　今の私？　恋魔術の本ってなんのこと？

美湖　ううん、なんでもない（笑）。さっきも言ったように、自己嫌悪やネガティブな感情は地球ストーリーとズレているときの「ちがぁーーーーーう!!」っていうサインなの。

今回のリコちゃんの件で言うと、意識が飼い主から家出をして彼のところに走っていってる状態って、執着でネガティブな感情に思えるでしょ？　それは魂監督の意図からズレているからこそ、「ちがぁーーーーーう!!」っていうネガティブ感情のサインが出る。

じゃあ、魂監督の意図は何か、地球ストーリーは何かというと、意識が飼い主から家出をして彼のところに走っていってる状態という体験を通じて、主演女優のリコちゃんが「モグラ叩きの魔術」を学び、そんな自分を愛おしいって思えるように成長していく――。これこそが魂監督の意図した地球ストーリーというワケ。

でさ！　魂監督も要するに自分自身なんだよ。自分自身が決めた地球ストーリーだとしたら、絶対にハッピーエンドにすると思わない？

そんなハッピーエンドが待っているストーリーなんだって考えると、リコちゃんも今、ネガティブな感情は湧かなくない？

リコ　うん！　確かにネガティブにならないし、自己嫌悪の気持ちも湧かない。

美湖　さすが、リコちゃん！　だから、主演女優のリコちゃんが体験している恋愛の出来事の中にこそ、地球ストーリーを思い出すヒントがあるの！

恋愛ってさ、特に憧れの大好きすぎる相手の場合、本音が出せなかったり、いろいろな感情が湧いてきたり、成長させてもらえたりしない？　実はこれが、魂監督の意図だったりする。

わたしたち人間は、「彼と両思いになったら……」とか「彼と一緒にこんなことを体験したい……」といったことばかりに意識を向けがちだけど、魂監督はまったく別の意図を持って憧れの人を登場させたりするからね。

だから、理想の大好きすぎる彼も魂レベルで言うと、主演女優のリコちゃんを成長させるストーリーのために、その役を演じてくれてるの。だから、リコちゃんが主演女優で、周りは全部リコちゃんのためのモブキャラ（主要人物以外の、その他大勢のキャラクター）なんだよ。なんなら美湖もね。

**リコ** えぇ……。じゃあ、私が今までノートに書き出していた、彼と付き合ったら一緒に体験してみたいことリストはまったく意味ないってこと？

**美湖** いやいや、そのノートもいいよ！（笑）そのノートを書いたとき、めっちゃワクワクしてたでしょ？　すごく良い恋愛の波動が出てたはず。

**リコ** よかった。彼に片思いしてから、恋愛系のYouTubeを見漁ったり、恋愛本を読みまくったりしたから（笑）。

美湖　リコちゃんは恋愛本をたくさん読んでそうだから、じゃあこれも伝えておこうかな。好きになった相手から愛されたかったら、まずは〝ご自愛しましょう〟っていう話もあるよね。いいんだけど、それは前にも伝えたように「ホワイトパワー」なの。もっとすごいのは「ブラックパワー」。
特に、憧れの大好きすぎる相手を追いかけるとき、ご自愛するだけでは相手は振り向いてくれない場合がある。
**理想の相手を追いかけるうえでは〝ご自愛〟よりも〝自己愛〟のほうが大切だったりするの。**リコちゃん、自愛と自己愛の違いはわかる？

リコ　自愛と自己愛の違い？　わかんないなぁ……そもそも自己愛という言葉を使って恋愛のアドバイスしてる人、あんまり見たことないかも。

美湖　リコちゃん、これは今から魔術を使っていくうえで重要なことだから、しっかり説明しておくね。

自愛と自己愛は、まったく違うエネルギーなの。みんながご自愛、ご自愛と言ってるのは「自分を大切にしましょう」「自分を愛しましょう」というエネルギー。どんな自分でも愛しましょうっていう「ホワイトパワー」かな。

でもね、自己愛は「どんな私でも素晴らしい！」「こんな私って最高！」というエネルギー。魂の〝私らしい〟〝これこそが私よ〟〝誰がなんと言おうと、私は最強！〟って自分自身で実感する瞬間に湧き上がるエネルギーなの。

これは強烈な「ブラックパワー」！　自己愛はナルシシズムだとかエゴだとか否定されがちなんだけどね。

リコ　そうなんだ。

美湖　美湖は自己愛こそ、ものすごく大事なエネルギーで、まさしく「ブラックパワー」だと思うの。だって一人ひとりが個性だし、魅力なんだもん。
そして、それを体験するために大きな魂から離れて、〝私〟になったんだからね。

せっかく一つの大きな魂から飛び出して生まれてきた、たった一度の人生なんだから。魂は意図してきた「主演女優・私」による「地球ストーリー」を全力で体験する。そして面白いのが、この自己愛のエネルギーの源こそが、自己嫌悪の心の穴から立ち上る「ブラックパワー」なんだよね。

自分の存在を否定されたり、自分の尊厳を傷つけられたりして、自己嫌悪になる。美湖もめっちゃあったよ。心の穴の奥に自己嫌悪の闇が。

**リコ** えっ？　ということは、元プロミュージシャンで人気 YouTuber である美湖ちゃんも、心の穴の闇が大きかったの？　信じられない。美湖ちゃんはご自愛の人で、心に穴なんてないって思ってたよ。

**美湖** リコちゃんも知ってると思うけど、美湖は執着状態になったり、大きなやらかしをしたりするじゃん？（笑）　そんなことが何度もあって、心にでっかい穴が空いて、そんな自分が大嫌いなときもあったよ。

でもね、執着状態になるくらい人を好きになるって、なんか純粋で可愛いじゃん。

酔っ払って大きなやらかしするのも、ぶっ飛んでて面白いじゃん（笑）。そう思えるようになったら、大嫌いだった自己嫌悪や大きなやらかしが「わたしの個性。わたしのキャラじゃん！　なんなら、もしこのキャラがなくなっちゃったら、可愛くないし、つまらない」って自分で心から思えたの。

これこそ、心の穴の奥の闇を自己愛に反転させたブラックパワーなの！　このパワーは魔力を強めるし、魔術を使うのに必要なんだよ。女優も、ミュージシャンも、アイドルも、経営者も、人気のキャバ嬢さんも、さまざまな世界で創造力を発揮して頑張ってる人は、心の穴の闇が大きい人が多いんじゃないかな。

**リコ** 美湖ちゃんも、そんなときがあったんだね……。

**美湖** うん。だから心の穴の闇って、本当は素晴らしいエネルギーなの。心の穴の闇が大きい人は、ものすごい魔力を秘めているってこと！

ブラックパワーは、恋愛はもちろん、望みを叶えて現実を動かす波動の強さでもあるから、反転させたらすごいことになるの！　そして美湖だって、やっぱり美湖の個性全開で、この地球ストーリーをクリエイティブに楽しみたいんだよね。

だから、**心に穴があり闇があっていいんだよ、って自分のことを許してあげることも大事。**これがご自愛で「ホワイトパワー」だね。その穴の闇から創造力の源であるブラックパワーが湧いてくるんだから。

こうして**「ホワイトパワー」と「ブラックパワー」のうねりで最強なエネルギーの渦を作るの。**


私はこの前、美湖ちゃんが「自己嫌悪は素晴らしい」と話していた意味が、さらに深く理解できた気がした。魂監督が設定した「地球ストーリー」に対して、「主演女優の私」がきちんと向き合ってあげられていないと、自己嫌悪になってしまうという話も、私の心に強烈に刺さった。

以前は、「自分のことを嫌いな自分も自己受容してあげよう」といった話を聞くと、どこかキレイごとのように聞こえたり、なんだか開き直ったような話だなと思ったりしていた。

でも、「自己愛」という言葉の深さを知ると、すごく重要なことだと感じる。これが魂監督の意図に従うということなのかもしれない。
そして、いつもはニコニコして見える美湖ちゃんの、魂についてのわかりやすい解説にも驚いた。きっと難しいことはもっとあるのだろうけれど、優しい美湖ちゃんは知識のない私に寄り添いながら、理解を進めてくれているのだろうと思った。
そのことに気づくと急に、この前に美湖ちゃんに話していた自分の様子や声が、イメージの中の映像として再生され始めた。

リコ 私が……自分のことを好きじゃない？　それどころか自己嫌悪？　そんなの考えたこともなかった。一般的には見た目も別にコンプレックスを持つほどではないし。現に「キレイ」とか「可愛い」って言ってくれる男性もボチボチいるし。それに、地方銀行だけど新卒で入社してもうすぐ10年で、収入も安定してるから、お付き合いした男性とも自立した関係を大切にしてきたし。割と世間的なスペックとしては〝いい女〟って自分のことを評価してきたんだけど。

そう話していた自分がクッキリと浮かび上がった。

そして、みぞおち辺りがギュッと締めつけられ、重苦しい感覚を抱いた。イメージの中にいるその私は、とてもではないが魂監督の意図した〝これこそが私よ〟という主演女優のような姿ではなく、地球ストーリーを生きているようにも見えなかった……。

「一般的には」「世間的なスペックとしては」という点ばかり気にして、生き方を選択してきた私は、魂監督の声に耳を塞ぎ、「主演女優の私」の傷に目を背け、それでも周りの目を気にしながら〝私という虚像〟を演じているように感じた。

それに気づいた今この瞬間、みぞおちに感じている強烈な重苦しさが、魂監督である自分自身に対する罪悪感であることはすぐに理解できた。たとえスピリチュアルや魔術の知識がない私でも――。

**リコ**　美湖ちゃん、今の話ですべて納得した。「主演女優の私」が、自分自身である魂監督の設定した〝これこそが私よ〟っていう自分で「地球ストーリー」を生きることを放棄してきたから、魂は自己嫌悪という感情サインを送っていたんだね。美湖ちゃんダメだ……。やっぱりそこに意識を向けると、苦しくておなかが痛くなるよ。

私がそう話をしても、美湖ちゃんからは返事が返ってこない。おかしいと思い、美湖ちゃんの様子をうかがうと、美湖ちゃんはちょうど私が痛みを感じていたみぞおち辺りに手を当てて、優しくこう言った。

美湖〈わかるよ、リコちゃん。このみぞおちの痛みだよね。リコちゃんがずっと感じるのを避けてきた痛み。大丈夫だよ、美湖も一緒に感じてるから。

美湖ちゃんはそう言いながら、もう片方の手を私のみぞおちに当ててくれた。美湖ちゃんの手からは、包み込むような温かいエネルギーが出ているように感じた。

美湖〈リコちゃん、ちょっと魔法をかけてあげるね。このみぞおちの痛みを感じながら、そして今から美湖が言う言葉を、自分の心の穴の闇に語りかけるように一緒に言ってみて。

**「やっと見つけたよ。ずっと私に教えようとしてくれて、ありがとうね。もう大丈**

**夫、あなたを見つけたから。あなたはこの痛みをもって私に何を教えようとしてくれているの？」**

さぁ、リコちゃん。一緒に。

リコ　やっと見つけたよ。ずっと私に教えようとしてくれて、ありがとうね。もう大丈夫、あなたを見つけたから。あなたはこの痛みをもって私に何を教えようとしてくれているの？

この心の穴の闇への語りかけをしていくと、なぜか涙が出てきて、そしてみぞおちの痛みがスーッと消えていった。それと同時に、みぞおちの辺りに湧き上がる力強く熱い感覚に気づいた。

リコ　美湖ちゃん、すごいね。なんかパワーを感じる。これってひょっとして……？

美湖　そう、これが魔力。**みぞおちの痛みは、ちゃんと感じてあげると魔力になる**

**の**。魔法のように「ブラックパワー」に変わるんだ。痛みだってエネルギー。そして、リコちゃんの痛みも美しいね。

美湖ちゃんは、みぞおちの痛みをまるで甘い蜜でも味わっているかのような表情をして、そう言った。そして、パッと私のみぞおちから手を離した。

美湖〈今日は勉強やら、魔術やら難しかったかな。大丈夫？　リコちゃんが魂監督の決めた地球ストーリーの主演女優として生きずに、体験したかったことと実際に体験してることがズレていると、「ちがぁーーーーーう!!」って感情サインをまた送ってくれるからね。
あと、彼に意識が飛んで、ワンコが家出状態になったら毎瞬、「モグラ叩きの魔術」をしてね！　執着したぶん、自分に意識が戻って、さらに自分が愛おしくなるから。

リコ〈美湖ちゃん、本当にありがとう。わかりやすかった。「モグラ叩きの魔術」って簡単なのにすごいんだね。それに私、主演女優としてちゃんと地球ストーリーを生きる！

美湖〈うふふ。リコちゃん、これはまだ滑り出しだよ。本当の魔術はこれから。

そう言いながらギュッと抱きしめてくれる美湖ちゃんのカラダからは、ホワイトとブラックの陰陽がブレンドされたような強烈なエネルギーがあふれていた。

昔から私は、美湖ちゃんにハグされると少しドキッとする。ほかの女の子にハグをされて、こんな感覚になることはないのだけれど。これは、魂監督の美湖ちゃんが意図した、主演女優・美湖ちゃんの小悪魔的なエネルギーのせいだろうか。

この日に教えてもらった魔術をスムーズに受け取ることができた私は、自分もこんな妖艶《ようえん》な小悪魔エネルギーをまとえるようになったらいいなと思っていた。

しかし、このときの私はまだ、「この痛みをもって私に何を教えようとしてくれているの？」という問いかけが、大きな魂の塊からのアンサーだということには気づいていなかった。

恋魔術のやり方

## モグラ叩きの魔術

1 相手に対する執着心を抱いた自分に気づく（執着以外にも寂しさや怖さ、妄想や思い込みなどのネガティブ感情でもいい）。

2 その瞬間に、「……って思っちゃう私、可愛いね！」と心の中でモグラ叩きのように反射的に自分に言ってあげる（「可愛いね」という言葉でなくても、「面白いね」「頑張ってるね」「そう思っちゃうんだね」など、自分に意識を向ける言葉なら何でもOKです。そのときの自分に最もしっくりくる言葉で行いましょう）。

### 解説

ネガティブにとらえてしまう部分（闇の自分）を、「そんなあなた（闇の自分）も可愛いよ」と言ってあげる魔術になります。そもそも俯瞰《ふかん》してみたり、他人が同じような行為をしているのを見たりすると、そうした闇の部分も意外に可愛く見えたりするものです。

ものごとをネガティブにとらえているときは、外側に意識が向きがちです。しかし、モグラ叩きのように瞬間的に意識を切り替えることで、脳もネガティブな思考を繰り返さなくなっていきます。

また、内側に意識が向き、エネルギーが自分自身へと向くようになることによって、周りのエネルギーすべてがあなた自身へと巻き込まれていきます。

レッスン

# 2

# ナルシシズムを魅力に変える魔術

美湖ちゃんに教えてもらった「モグラ叩きの魔術」を毎瞬のように使うことで、私は不思議なぐらい、彼への執着から離れることができるようになっていた。

そして、自分に意識を向け、カラダの内側の感覚をつかまえる集中力を取り戻した私は、ピラティスのレッスンそのものを前向きに楽しめるようになっていた。

さらに嬉しかったことは、そんな私の変化に彼が気づいてくれたことだった。

惣太　早川さん、今日いい顔でレッスンされてましたね。呼吸も深くなっていて、いい感じでしたよ。
元気なさそうな日が続いていらっしゃったので心配してましたが、今日のレッスンの様子を見て安心しました。

彼に笑顔でそんなふうに話しかけられたのは数カ月ぶりのことだった。突然のことに私は慌てながらも喜びを感じていた。

リコ　はい、呼吸とカラダの動きが連動する感覚をやっとつかめた気がします。

彼に話しかけられたのが嬉しくて、彼に少しでも認めてほしくて、私はとっさに少し背伸びをした言葉を返した。

すると、彼はそっけない態度を取っていたこの数カ月間がなんでもなかったかのように、こう言った。

惣太　それは良かったです。これからも頑張りましょうね、早川さん。

そして彼は、機嫌良さそうに男性更衣室のほうへと消えていった。

彼と交わしたこの二言、三言の会話に、私は恋魔術の効果を確かに実感していた。

彼に対する恋愛感情を抱くことで、私の心の深い部分で起きている様子を美湖ちゃんに言語化してもらった。そうやって自分でも認識したことで、わずかではあるけれど彼との関係が現実的にプラスのほうに動いたのがわかった。

しかし次の瞬間、そのことに喜んでいる自分とは別に、誕生日プレゼントを渡したことにいっさい触れてこなかった彼に対してモヤモヤしている自分がいることに気づいた。


彼は今日の私のレッスンの状態が良かったから、話しかけてくれたのだろうか？それとも、私が彼に向けている恋愛感情に対して、可能性がないことを受け止めているかどうかを確認するために話しかけたのだろうか？


気がつけば、また頭にモヤがかかり、彼の本心がどちらなのかということが気になり始めていた。

「みぞおち呼吸」や「モグラ叩きの魔術」をするも、やはりどうしても考えてしまう。

そして頭の中でグルグルと思考して、どちらにしても現時点で私に対して特別な感情はないのではないか、という気持ちが強くなってしまう。

状況は少し前進してはいるものの、彼の気持ちを自分に向かせるというゴールを意識すると、現時点からは相当な距離があるように感じてしまう。それが自分の思い込みだとわかっていても、また気持ちが落ち込みそうだった。

でも、この間の美湖ちゃんの言葉を思い出した。

「リコちゃん、これはまだ滑り出しだよ。本当の魔術はこれから」

そうだ、恋魔術はまだまだこれからなんだ。そう自分に言い聞かせて、気分を変える。

気分が落ち込みそうになっては切り替えるということを何度もやった。

♥ ♥ ♥

私は、この日もピラティスの後に美湖ちゃんの恋魔術のレッスンを受ける予定を入れていた。

ピラティスのレッスンで彼に冷たい態度を取られてショックを受けたとしても、美湖ちゃんにケアしてもらえたら、魔法のように立ち直ることができる。

そんな精神的な防衛本能から、私は無意識に二つの予定をセットで組むようになっていた。もちろん、そのことは美湖ちゃんに了承をもらっている。

「何を甘えたこと言ってるの？」と言わないところが、美湖ちゃんに対して私が絶対的な安心感を抱く理由だった。

こうして、私はこの日も美湖ちゃんの好物であるスパークリングワインを片手に、美湖ちゃんの家に向かった。恋魔術の効果を実感したお礼に、前回にお伺いしたときよりも少し高価なスパークリングを選んで。

美湖　やっほー♡　リコちゃん。わぁ、今日はモエを買ってきてくれたの？　嬉しい！　あれ、リコちゃんどうしたの？　なんか機嫌が良さそうだけど。

リコ　美湖ちゃん！　恋魔術、本当にすごいよ！　モエを買ってきたのは、そのお礼も兼ねてなの。

聞いて、美湖ちゃん。今日ね、ピラティスのレッスンにすごく集中することができたんだよ。この間までは心とカラダがバラバラだったのに。今日は一体感を感じられたの。
それだけじゃなくてね、今日は彼に久しぶりに話しかけられたの！　ずっと避けられてる感じがしてたのに急にだよ。すごくない？　執着状態をチカラに変える「モグラ叩きの魔術」の効果も半端ないよ。

**美湖**　リコちゃん！　すごいすごい。やっぱりリコちゃんって魔術に向いてるよ。素晴らしいねぇ♡　美湖も嬉しいよ。

**リコ**　本当にありがとう。すごく嬉しい。嬉しいんだけどね……美湖ちゃん……。

**美湖**　どうしたの？　なんかあったのね。リコちゃん、喜ぶのが短いよぉ。もうちょっと喜びに浸ってもいいのに。なんか気になることがあったんでしょ？　美湖に話して。

リコ　美湖ちゃん、ごめん……。わかってはいるんだけどね。レッスンはいつもより集中してるって彼が褒めてくれたんだけどさ、一つ引っかかることがあったの。この前、彼に誕生日プレゼントをあげたことに、何も触れてくれなかったの……。そこに何も触れてこないってことは、やっぱり特別な感情を向けられるのは迷惑だったってことなのかな、とか考えてしまって……。
彼が私のことを好きになるというゴールまでが、なんだかすごく遠く感じちゃってさ。

美湖　そうだったんだね。じゃあさ、ちょっと残酷な質問をするけど。リコちゃんが「今回こそはあきらめたくない」って言葉にしてくれてたけど、もし最終的には好きになってもらえなかったら、どんな気持ちになる？

リコ　えっ、やっぱり絶望するんじゃないかな。私は一生、自分が好きになった男性と両思いになるという経験をせずに人生終わるのかなって思うと悲しくなる。そんな残酷な地球ストーリーを決めてきたのかなって。

「両思いになれないと恋愛なんて意味ない」「もう傷つきたくないから恋なんてしない」って、また自分の気持ちに蓋をしてしまうかもしれない。

美湖 そう思っちゃうよね。「今回こそは！」って強い思いがあるだろうし、自分と深く向き合ってまで恋魔術も習ったのに……って思っちゃうよね。
でもねリコちゃん、これは魔術というか、この世界の法則の一つだから覚えておいて。**「うまくいかないと意味がない」って考え方をしちゃうと、うまくいかないという結果を引き寄せてしまうの。**

リコ 「うまくいかないと意味がない」って考えが、うまくいかない結果を引き寄せてしまう？　どういう意味？　うまくいかせたいって気持ちが強すぎるとダメだということ？

美湖 ううん、ちょっと違うかな。
おさらいだけどさ、憧れの理想の人や大好きすぎる人との恋愛には特に、魂監督が設定した主演女優のリコちゃんにとっての成長や学びのためのヒントが詰め込まれてる、と伝えたのを覚えてる？　大好きすぎる人との恋愛って、素直になれなかったり、好かれたいから自分を偽ったりしちゃうことも多いよね。

でもねリコちゃん、これは恋魔術というより、そんな自分に気づくことで、主演女優のリコちゃんが成長していく「地球ストーリー」である場合が多いんだ。だからね！　その恋愛がうまくいくかどうかよりも、その魂監督の意図を理解しようとしたり、地球ストーリーを信頼したりすることのほうが、リコちゃんにとっては価値があったりするの。

というか、だいたいみんながそういう地球ストーリーの設定を決めてきているんだよね。

リコ　ええっ？

美湖　もちろん地球での体験として、大好きな彼が自分を好きになって、恋愛が実るという結果もいいけど。リコちゃんが魂とうまく対話できるようになったり、自分のパワーが戻ったり、自分らしく生きられるようになったりすることのほうがずっと大事なの。

そして、**リコちゃんの内側が変わることで、結果、現実の恋愛もうまくいく――**。

だからね、もし仮にその恋愛がうまくいかなくても、「この人を好きになったことで、前よりリコちゃんと自分の内面の深い部分を見てあげられるように成長できたなら、それも一つの価値だ」という前提をもって相手を追いかけたほうが、恋愛はうまくいくの。

**リコ** そんなふうに考えるのって、すごい大人な気がする。今の感情で、そこまで悟ることができるほど思い切れるかなあ……。

**美湖** でもさ、リコちゃん。今までの恋人とはお別れしてしまったかもしれないけど、お付き合いしたこと自体を全部、意味がなかったって言える？

**リコ** う～ん、そんなことはないかも。つらい思い出もあるけど、前の彼氏と付き合ったことによって、いろいろと成長した部分もあるとは思う……。

美湖 例えばだけど、小学生が初恋をしたとして、どうせ実らないから無意味だ、って思う？

リコ 確かにそんなことはないね。素敵な思い出になったりもするし、思春期の純粋なトキメキってすごく貴重だと思う。大人になると、なかなか純粋にそこまでは思えないしね。

美湖 そう？ 美湖はいつまで経っても、トキメキまくりだけど！ そこは関係ないか（笑）。
この話は恋愛に限らず、仕事も、結婚も、人生でチャレンジするすべてのことに当てはまると思わない？
たとえ望みが現実にならなかったとしても、その望みと向き合うことで魂が体験したがっていること、魂が学びたがってること、そこに意識が向くようになることに人としてての成長がある。そう美湖は思うの。それがまさに、魂監督の「地球ストーリー」なんだよね。

リコ　そう考えると確かに、結果よりも大事なことってあるかも。仕事や勉強だったら、そんなふうに考えたこともあったけど、恋愛もそうなんだね。うまくいかないと、絶対につらいだけで終わると思ってた。好きになること自体に「地球ストーリー」のヒントが隠されてるんだね。そんなに深く考えたことなかったなぁ……。

美湖　そうそう、だから基本的には**「この恋愛はうまくいったとしても、うまくいかなかったとしても価値がある」**って**自分に声をかけてあげることが大事**かな。恋愛は相手の気持ちや態度という〝結果〟の部分にばかり焦点を当てると、必ず自分を見失うからね。

リコ　素敵な言葉！　なんか気持ちが楽になったよ。「この恋愛はうまくいったとしても、うまくいかなかったとしても価値がある」って言葉、これから私も使わせてもらうね！

美湖 リコちゃん♡　言葉を真正面から受け止めてくれて嬉しいよ。じゃあさ、リコちゃんの魂が体験したがっていることをキャッチする練習をしよう！　魂監督の設定を見つけようよ！

リコ えっ！　魂監督の設定って見つけられるの？

美湖 うん、そうだよ！　じゃあ、簡単な質問をするね。リコちゃんは、「彼のこと好き！　素敵！　カッコいい！」って、気持ちがキュンとたかぶる瞬間って、どんなとき？　彼が一番キラキラ輝いて見える瞬間を教えて。

リコ 答えるのが恥ずかしいんだけど、彼がピラティスを教えてるときかな。彼のしなやかに動くカラダを見て、すごい感動したの。男の人のカラダってあんなにキレイなんだ、って肉体美に惚れちゃって。

私、今まで付き合ってきた男の人って極端なガリガリかポッチャリで、キレイって感じることとなんてなかったからさ。やだ……私は30歳越えて、男性を見る目がオジサン化してきたのかな？

**美湖**（全然そんなことないよ！　とても素敵な理由だと思うよ。

意外かもだけど、美湖は男性のカラダの肉体美的なのが苦手なんだよね。ほら、アーティストって細い人が多いじゃん？（笑）　でね、これってそれぞれの魂監督による設定の違いなの。

でも、なんだか目がハートになっているリコちゃんにそんなふうに言われると、美湖もその彼のピラティスを教えてるところ、というか彼のカラダを見たくなっちゃった（笑）。

**リコ**　カッコイイというか本当に美しいのよね。それに、彼は人気のトレーナーなのにチャラチャラしてる様子がないの。モテたくて美しいボディラインを造形してるというよりは、そのボディラインを造形する行為そのものも愛してる感じが伝わってくるの。

だからトレーニング中に軽く彼に触れられると、私のカラダが喜んでいるのがわかるんだ。あっ……もちろんエッチな意味じゃないよ。

美湖　リコちゃん♡　赤くなっちゃって可愛いぞ。別にエッチな意味でもなんでもいいじゃん。つまりリコちゃんは、彼がカラダの美しさを表現している瞬間に感動したんだね。

じゃあ、その感動をリコちゃん自身に置き換えてみるよ。リコちゃんは自分のカラダを見て美しいって感動したことある？　もちろん服を着てても、裸のときでもどっちでもいいよ。

リコ　え……それを聞かれるとつらいなぁ……。私、カラダがコンプレックスなんだよね。姿勢が悪いし、くびれもないし。最近、下っ腹も少しポッコリしてきちゃって。いつも鏡で自分のカラダを見ると、ため息が出ちゃう。だからこそピラティスを習い始めたってのもあるしね。

美湖〈そうかそうか。細かいところを気にし始めたらキリないぐらい気になるよね。じゃあ、もう一つ質問するけど、もしリコちゃんが自分のカラダに美しいって感動していたとしたら、リコちゃんはどんなボディラインになってると思う？

リコ〈それは女性らしいキレイな曲線を描くような、くびれがあるカラダかな。ウエストもすごいスッキリしてて。

美湖〈ちなみにリコちゃん、今イメージの中でその自分を視覚化できてる？

リコ〈実は理想のボディラインを探した時期があって、インスタで見つけたんだよね。その人をフォローしてて……。ほら、この人なんだけど。

美湖〈わぁ、引き締まって美しいボディライン！　じゃあ、ちょっとまた美湖が魔法をかけるよ。

……はい！　今リコちゃんは美の魔法にかかりました。リコちゃんがイメージすると、粘土のようにカラダが自在に変化しちゃいます。この人みたいな美しいボディラインのカラダになった自分をイメージしてみて。すると、リコちゃんのカラダが一瞬で変化します。

リコ　ええーー。私がこのボディライン？　なんかおこがましいけど、でも美湖ちゃんが魔法かけてくれたんだもんね。イメージしてみる！

美湖　どんどん、どんどんリコちゃんのカラダは美しく引き締まっていきます。

美湖ちゃんの声に合わせて、自分のカラダをイメージの中で美しく変化させてみる。

リコ　……わぁ、何これ？　イメージするだけで楽しいね。私のカラダ、美しいよ！なんか魂が喜んでいる感じもする。

美湖　そうそう、楽しいでしょ。魂が喜んでいる感じをつかめるなんて、リコちゃん成長してるじゃん！　魂が喜んでいる感覚は、魂監督の設定に近づいてきてる証《あかし》だよ。

じゃあ、ここからは魂が体験したがってることを探っていくね。

今、リコちゃんは美しいくびれのある体型を手に入れました。そのカラダでリコちゃんは、地球でどんなことをしてみたい？　どんなことでもいいからイメージしてみて。

リコ　ボディラインが強調されるよう

な、セクシーな服を着たい！　クロップド丈の服とかで、ウエストのくびれを出したり、今まで着たことないような服を選んだりして、夜の街に出かけたい。バーとかクラブとか、男性が声をかけてきそうな場所に遊びに行きたいかも。

美湖 いいね、いいね！　どんな欲望でもいいから、好きにイメージしてね。そのリコちゃんは行った先でどんな体験してるの？　教えて教えて♡

リコ えーっとね、美しいくびれのある私を見て、男性たちの視線を独り占めするの。いろいろな人が声をかけてきて、もう前のめりでがっついてくる感じ。ユーモアで距離を縮めようとしてきたり、下心丸出しで褒めてきたり、一生懸命なの。それを見て私は〝男って可愛い〟って微笑みながら、軽くあしらって、すごい塩対応してる（笑）。「魔性の女」みたい。……って何この魔法！　めちゃくちゃ楽しい！

美湖 うんとね。それがリコちゃんの魂が体験したがってることなの！

リコ　えっ？　嘘でしょ！　それじゃあ私、男にチヤホヤされたいだけの女じゃん。大好きな彼とああしたい、こうしたいっていう体験よりも、真っ先にこんな体験がイメージに上がっちゃうなんて嫌だよぉ。

美湖　リコちゃん、ダメ！　**自分のどんな欲望も否定しないであげて！　欲望はなんにも悪くないし、欲望にこそ本音が隠されているの。**魂が純粋に体験したいんだよ。

欲望には「ブラックパワー」があるんだから。

欲望を抑え込んでコントロールしちゃうから、欲望が暴走したり、パワーにならなかったりするの。そしてパワーにならないから、その手に入れたいものが手に入らないんだよ。

理想の相手に振り向いてもらってるリコちゃんは、多くの男性を魅了する魔性的な美しさを手に入れてるリコちゃんなのかもしれないじゃん。それに、チヤホヤされていっぱい男性が寄ってきたとしても、その要求に応える必要もないわけだしさ。

多くの男性を美しさで魅了する「魔性の女」。でも自分のことは安売りしない。

リコちゃんの魂は、そんな体験をしたがってるんじゃない？　**欲望を素直に認めてあ**

**げて。**

美湖ちゃんにそう言葉にしてもらった瞬間、カラダの内側の肉体や細胞から熱いエネルギーが湧き上がるのを感じた。

魂が、肉体が、細胞が、「もうキレイごとを言うのはやめて！　私を認めてよ！　私はそれが体験したいの！」と強く叫んでいるような感覚を覚えたのだ。

リコ　私は多くの男性を美しさで魅了する「魔性の女」。でも自分のことは安売りしない……。

美湖ちゃんの言葉を復唱して、そんな自分の欲望を感じると、エネルギーが湧いてくるようだった。これが「ブラックパワー」なのか——。

リコ　そうやって言葉にしてもらうと、すんなり受け取れるね。私は断れない女だったし、押しに弱い女だったと思う。好かれたかったから、男性に何かを要求されると全部それに応えようとしちゃってたんだ。きっとそれも、心の穴の闇から来てるんだよね。

「こんな私を求めてくれているんだから、せめて相手の要求にはちゃんと応えなきゃ」「相手の要求に応えれば、好きになってもらえる」と思ってしまっていたのかもしれない。確かに、男性を魅了する「魔性の女」だったら、絶対にそうはならないよね。

でも私、男の人の好意を利用したり、美しさで男の人を弄《もてあそ》んだりする女性に対して嫌悪感があって。そんな女性を軽蔑してたし、そうなっちゃダメだって無意識に思っちゃってた。

多くの男性を美しさで魅了できる魔性を手にしちゃったら、男性から多くのものを搾取したいって願望が湧き出ちゃうかも、と恐れていたのかもしれない。

美湖〈わかるよ、リコちゃん。そういう自分の魔性のチカラに、自分で飲み込まれてしまってる女性もたくさんいるから。

でもね、リコちゃん！　さっき彼のどんなところが好きか質問したとき、すごく確信的なことを美湖に話してくれたんだよ。

「カッコイイというか本当に美しいのよね。それに彼は人気のトレーナーなのにチャラチャラしてる様子がないの」って。

つまり彼は、多くの女性を美しさで魅了する。でも自分を安売りはしない男、ってことでしょ。

はい、伏線回収は終了！　リコちゃん、ちゃんと魂監督の意図を汲み取れてるじゃん！　すごいすごい。


**リコ** わ、本当だね！　美しいカラダで魅了してモテるのに、チャラチャラしてない彼が好きなんだ。そして私の魂の望みは、多くの男性を美しさで魅了する「魔性の女」。でも自分のことは安売りしない……。

ビックリするぐらい伏線回収だね。これが美湖ちゃんの言ってた、魂が片思いの相手から学習したがってたことなのか！

それに私、美湖ちゃんの魔法のおかげで大事なことに気づいたんだ。美しくなることで男の人の好意を悪用したり、弄んだりする女に自分もなってしまったら嫌だなって、意識的にも無意識的にも感じていたことで、キレイになるのを遠ざけていたんだと思う。

私は美しくなっても大丈夫。私は欲望のまま生きても大丈夫。美湖ちゃん、そんな気がしてきたよ。**私、キレイになりたい！　美しいくびれを作りたい！　だってそれが、私の魂が喜ぶことだもん！**


美湖〈すごい！　リコちゃんからパワーを感じるよ。まさに変換された「ブラックパワー」だね。

女は美しさに憧れる反面、美しくなることを恐れる生き物なの。特に、美しさの「諸《もろ》刃《は》の剣《つるぎ》」としての側面を見ている賢い女性は、美しくなることを避ける傾向にあるのかもね。

だから、リコちゃんが無意識に美しくなることを恐れてきたのは、ごくごく当たり前のことだし、そういう女性が世の中には多くいるんじゃないかな。


美湖ちゃんは少し真面目そうな顔でそう言い、ゆっくりと小悪魔のような表情に変えながら、上目遣いで私を見た。

美湖　ねぇねぇリコちゃん。キレイになっちゃう魔術、教えてあげようか？
魅力は魔力なんだから。**「鏡の酔い魔術」**を教えてあげる。

リコ　えっ、「鏡の酔い魔術」？　絶対知りたい！　教えて、今すぐ教えて！

美湖　お肌の調子が良かったり、髪型がうまく決まったりした日ってさ、鏡を見ると嬉しくならない？　鏡を見たときに自分にウットリと自己陶酔《とうすい》する感覚。つまりは自分に酔う感覚。この「酔う」っていうのが魔力で、究極の自己愛の「ブラックパワー」であり、魔術になるの。
この現実世界はね、自分が自分をどう扱うかが投影されていると言われてるの。だからこそ、いろいろな恋愛マニュアルとかで「ご自愛して自分を愛すると、相手からも愛される」と言われているわけでしょ？
自分に酔うことをゆるす自愛と、自分に酔うほどの自己愛は、ホワイトとブラックが交わったものすごいうねりのパワーになる。そのパワーにみんな惹き込まれて、魅了されていくんだよね。
だから自分に酔うって、ホワイトパワーもブラックパワーも使う最強の魔力なの。美湖はお酒に酔うのも大好きだけど、自分に酔うのもすごい好き！
**自分に酔えば酔うほど魔力が高まって、どんどん望みが叶っちゃう現実に変わっていくんだよ。**

リコ　えっ、自分に酔ってもいいの？　美湖ちゃんと話してなかったら絶対にダメなことだと思ってたよ。
でもさ、自分に酔ってるせいで人に嫌われたり、なんか気持ち悪く見えたり、批判されたりする人もいると思うんだけど、そういう人って美湖ちゃんからすると、どんなことが起きてるように見えるの？

美湖　あぁ、それはね。**自分に酔い切れてないの。酔い切れてないから、酔いの魔法がかかってない。だから気持ち悪いんだよ。**

酔い切れてないと、心の半分では「何やってんの、私」とか「もっと自分を客観視しろよ」とか自分を否定する心の声も聞こえてくるからね。そんな自分ときちんと向き合わずに、中途半端に「酔ったふり」をしてるから、魔術になってなくて気持ち悪く見えるんだよね。
自分の「酔いたい」という欲望をちゃんと認めてあげる。そうすると、それが「ブラックパワー」になって酔いの魔法がかかるんだよ。

そういう美湖ちゃんはまさに酔っていた。お酒ではなく自分の言葉に。だから、美湖ちゃんからの言葉は魔法がかかったように私の心に入ってきた。

**美湖**〈実はね、みんな誰しもが潜在的には自分に酔いたい生き物なんだ。わざわざ大きな魂の塊から独立して、一つの魂として今回の肉体に宿ってるんだから。「個である私」「今回の肉体を持った私」を体験したいんだよね。だから魂は、みんなそれぞれのカタチで〝自分に酔いたい〟の！
「私は今、私によって魅了されている。だから私の意識が創り出した私の世界に現れるすべての人は、私に魅了される――」

それを「個の魂」がそれぞれ体験することによって、大きな魂の塊がいろいろな体験を感じられるから喜ぶんだよ。

だから、自分に酔うときっていうのは、大きな魂と個である私との強烈な一致だと言い換えることもできるんだよね。

**リコ** ちょっと難しいけど、なんとなくわかった気がする！（笑）とにかく、自分に酔うと大きな魂も喜ぶってことね。

よしっ、決めた！　自分に酔う！　私が私にウットリできるぐらいキレイになる！

**美湖** 今でもじゅうぶん可愛いリコちゃんが、これ以上美しくなるなんてすごい楽しみだね♡　じゃあ、そんなリコちゃんに教える恋魔術は「鏡の酔い魔術」。それはね……。

美湖ちゃんはそう言って、とっておきの恋魔術を私に教えてくれた。

私は恋魔術を使って、本気で美しくなろうと決意した。それは、彼に好きになってもらうためというよりも、自分が自分に酔うため、大きな魂が喜ぶため。

美湖ちゃんのおかげで、美に対する考え方が今までとは180度反転した。**美しくあることへの意識が自分自身へ向くのを感じ、「これで魔力が高まるかも」とも思った。**

そして何より、美湖ちゃんが語っていた「自分に酔う」という感覚を味わいたい一心で、朝イチや寝る前のスキンケアだけでなく、「鏡の酔い魔術」も毎日取り入れた。

家から会社まで30分歩いての通勤、週に一回のピラティスのレッスンはもちろん、気がつけば食事、姿勢、ファッション、ヘアスタイルやメイクも変わり、恋魔術のおかげで魔力が高まったのか、見た目にみるみる変化が起こり始めた。

♥ ♥ ♥

そして、ある日鏡の前に立ったときのこと。

美湖ちゃんが教えてくれたとおり、鏡の中にいる自分から、語りかけてくるような声が聞こえた。

「私は今、私によって魅了されている。だから私の意識が創り出した私の世界に現れるすべての人は、私に魅了される――」

この「鏡の酔い魔術」のおかげで魔力が高まり、本気の美活を繰り返したことで、私は後の人生に大きな奇跡を起こすのである。

恋魔術のやり方

## 鏡の酔い魔術

1 鏡の前で、ゆっくりと深呼吸をしながら自分を見る。

2 ゆっくりと手のひらから愛を送るように全身を触っていく。カラダの温かさや柔らかさを感じながら、耳たぶ、首筋、胸、お腹、背中、腕、手、指先、おしり、お股、太もも、足の裏など、できる限り全身を優しくそっとなでていく（愛する人に触れられているような愛おしい気持ちで、その肌の感覚を一つひとつ慈しみ感じ取ります）。

③全身をなでながら、自分のカラダを隅々まで見る（背中やお尻、お股など実際に見えにくい箇所は、鏡に映る自分を見てください）。

④両手を頬に当て、キュートな小悪魔のような気持ちで、「生まれてからこれまで、ずっと一緒にいてくれてありがとう。大好きだよ。あなたも私のことが好き？」と鏡の中の自分に優しく語りかける（カラダの全細胞が喜びに満ちた声で「うん！　大好きと応えてくれる様子をイメージします）。

⑤「ありがとう！　あなたたちは本当にすごいよね。今日もよろしくね、大好きだよ♡」と全細胞に向けて言ってあげる。

## 解説

人は自分自身に見てもらえていない状態が続くと、悲しみや承認欲求、特に恋愛中に寂しさなどのネガティブ感情が出やすくなります。

そのため、自分自身をしっかりと感じ、全身をくまなく見てあげてください。このときに寂しい感情が出たら、「寂しいってサインを出しているんだな」と思って、その瞬間に自分をきちんと見てあげましょう。

この魔術は、入浴中やお風呂上がりに行うのがオススメですが、外出先などでは服の上からできる範囲でかまいません。

カラダの普段感じない部分や見ない部分（闇）をしっかりと見てあげることで、闇に光を当てることに繋がります。

抵抗がある方もいらっしゃるかもしれませんが、特にお股を見てあげてください。抵抗は闇なので、そこをきちんと見てあげることで光になっていき、「ブラックパワー」も高まっていきます。

# 3《レッスン》

# 小悪魔ムーブで相手を虜にする魔術

美湖ちゃんに教えてもらった恋魔術のおかげで、私の容姿は2カ月足らずで見違えるように変化していた。

最初は、ショーウィンドウに映った姿を見るのが嬉しく、まさに美しくなった自分の容姿に酔っていった。そして気がつけば、歩いてすれ違う男性たちからの視線や、電車に乗ったときの視線、カフェやレストランでの視線など、多くの視線を浴びていることに気づいた。

**自分に酔うと、私から放たれる魔力に男性たちはやられてしまうのだ、**ということを私は実感するようにまでなった。

魅力は魔力。まさに自分の魔力が高まっていることを感じた。

魔力は魅力。その魔力によって、自分自身の魅力もさらに高まっていった。

女性としての自信を持つことができ、心なしか、片思い中のピラティストレーナーの彼に対する気持ちにも余裕が出てきた。

そして、この女性としてのセルフイメージの変化のおかげなのか、恋魔術のおかげ

なのか、なんと彼から食事に誘われることに成功したのだった。

「先日は誕生日のプレゼントありがとうございました。そのお礼と言ってはなんですが、もしご迷惑でなければ、お食事に行けたら嬉しいです。早川さん、お休みはカレンダーどおりですか？　僕、予定を合わせますので、空いている日程をいくつか教えていただけませんか？」

Instagramで突然ＤＭが届いたときには心臓が飛び出そうなほど驚き、喜んだ。そして心の中で、美湖ちゃんと何度もハイタッチをした。

もちろん、すぐにＬＩＮＥで美湖ちゃんにこのことを伝えると、既読になって10秒も経たずに「キターーーー！　おめでとう♡　リコちゃん♡　すごい、すごい♡　じゃあ作戦会議だね♡　美湖がとっておきの恋魔術を織り交ぜたコミュニケーション術を教えてあげるから」と返事がきた。

食事に誘われて嬉しい反面、大好きな彼とうまくコミュニケーションが取れるか不安だった私にとっては、心強すぎる恋魔術の提案は嬉しかった。

今まで美湖ちゃんから教わったのは、自己対話の中で、自分の内側のタブーや自己嫌悪というネガティブな闇を、「ブラックパワー」のエネルギーに変換させるという恋魔術がほとんどだった。そのおかげで、こうして食事に誘われるところまで関係が進展したわけだ。

そして今回は、自分と相手とのコミュニケーションの中でパワーを発揮する恋魔術だという。それはもう、教わる前から大きな期待が膨らんだ。

彼からの誘いをもらってから、ちょうど1週間後を食事の日に選んだ。その1週間のうちに、美湖ちゃんと3回の恋魔術レッスンをした。

今日は、その恋魔術の成果を発揮する大事な日。

私はソワソワして待ち合わせ時間の少し前に着いたが、駅のトイレにある鏡で、小悪魔のような微笑みで「今日も大好き！　よろしくね」と自分に酔いの魔術をかけた。そして時間ピッタリのタイミングで、待ち合わせ場所の六本木交差点に到着。すると同時に彼がやってきた。

惣太　あ！　早川さん、同じタイミングで到着ですね。
リコ　ね！　奇遇ですね。
私は自然と笑顔になった。これも魔術のおかげかなと驚いた。
惣太　お礼が遅くなってしまいましたが、誕生日のプレゼントありがとうございました。急に個人的に誘ったりして、驚かれませんでしたか？

驚いたことは事実だったけれど、私にとっては嬉しい驚きであったことを彼に伝えるべきか？　今までの私だったら、恥ずかしい気持ちもあるし、弱みを見せるような気がして相手には言えなかっただろう。

私は一瞬、躊躇《ちゅうちょ》したが、美湖ちゃんから「感情はなるべく素直に出すことが恋魔術の基本。恋愛がうまくいくコミュニケーションの基本だよ」と教わっていた私は、そのままの気持ちを言葉にした。

**リコ** 驚きました。でも、それ以上に嬉しかったです。

自然な笑顔とともに、スッと感情を言葉にできたのは恋魔術のおかげだと思った。

そしてふと見ると、彼は清潔感のある白いシャツの内側にヴァレンティノのTシャツを着ていた。紛れもなく、私が誕生日にプレゼントしたものだ。

リコ　あっ、そのTシャツ着てくれてるんだ。迷惑だったかなって心配してたんですよ。

惣太　ハイブランドのTシャツなんてプレゼントされたことがなかったので、受け取ってどんなリアクションをしていいか、わからなかったんです。もしかして早川さんが僕に好意を持ってくださってるのかな、とか急に意識してしまい、早川さんにどう接していいのかわからなくなっちゃって。お礼もせず、素っ気なくしてしまって本当にごめんなさい。

リコ　そうだったんですね。

彼の本心だったのかどうかはわからない。私の容姿が変わったから、急に気になったのかもしれない。「当時の見た目では声をかける気にならなかったのかな」と昔の私なら気になっていたかもしれない。

でも不思議だ。今、彼の言葉を素直に受け取れる。

そして、そんなことを掘り下げても仕方ないと思えるし、もはやそんなことは気にならなくなっていた。今日こうして食事に誘ってくれた。その事実に勝ることなんてないのだから。

リコ 思ったとおり似合ってますね、そのTシャツ。着てくれてて嬉しいです。

プレゼントにあげたTシャツを着てやってきた彼が、私の気持ちに応えようとしてくれたのを感じて、さっきまでのソワソワがどこかに吹き飛んだように感じた。

惣太 ありがとうございます。早川さんにそう言ってもらえたら嬉しいです。じゃあ、近くのお店を予約してるので行きましょうか。僕が大好きなシュラスコのお店、早川さんと行きたかったんです。お肉は苦手ではないですか？

リコ 村川さんがお気に入りのお店に連れてってもらえるのが嬉しいです。それに私、お肉は大好き。

私が嬉しそうにそう言うのを確認すると、彼はお店のほうに向かって歩き始めた。ここまでの会話がいい雰囲気で弾んでいる実感を得た私は、美湖ちゃんに教わった恋魔術をドキドキしながらも仕掛けることにした。

リコ　あの、村川さん。一つお願いごとがあるんですけど、いいですか？

惣太　お願いごと？　なんでしょうか？

この後、私が口にしようとしている言葉は、今までの私なら絶対に発しないものだった。ましてや、初めての食事の待ち合わせをして、これからお店に向かうというタイミングでは——。

リコ　あのね、今日、おしゃれしてヒールの高い靴を履いたから、ちょっと転びそうなんです。なので、手を繋いで歩いてもらえたらすごく嬉しいんですけど、お願いしてもいいですか？　どうかな？

「誰かに見られたら困るんで」と断られたら、どうしよう。そんな不安がないわけではなかったが、本当に転びそうだったのも事実で、手を繋いでもらえるとありがたかったのだ。

そして、私の不安を掻き消すぐらい、美湖ちゃんに教わった恋魔術の効果はすごかった。美湖ちゃんによる3回のレッスンのうち、初日に教わった魔術を織り交ぜたコミュニケーションは以下のとおりだ。

- **自分が何をされたら嬉しいかをハッキリと明確にする。**
- **言葉にするときは「私は◯◯されたら嬉しい」という言い方で、あくまでも相手にお願いするスタンスで伝える。**
- **イメージの中で、そのお願いがカタチになったときのポジティブな感情を先取りする。**
- **「あなたはどうしたいか？」と相手の意見も聞く。**

### ・嬉しい気持ちや感謝を伝える。

この5つのプロセスをしっかりと意識しつつ、私は「手を繋いでくれたら嬉しい」というお願いを彼にしたのだ。

彼の返事を聞くまでのわずか数秒の間に、言葉以上のものがしっかりと彼に伝わった感覚があった。彼は少しびっくりしたように目を丸くしたが、返事はすぐ返ってきた。

惣太 あはは、早川さんってなんか可愛いですね。いつもクールなイメージだったんでギャップに驚きました。もちろんです。お店まで5分ぐらい歩くので、手を繋ぎましょうか。

そう言って、彼は右手で私の左手を包み込むように柔らかく握ってくれた。彼から伝わる手の感触は、優しく温かかった。自分からお願いしたくせに、いざ手を握られると胸のドキドキが止まらなくて、顔を真っ赤にしながら本当に転びそうになってしまった。
そしてその瞬間、彼がとっさに私のカラダを引き寄せてくれて、私たちは抱き合うようなカタチになった。

惣太　あ、ごめんなさい。

リコ　こちらこそ、ごめんなさい。いえ、ありがとう。

私たちはすぐに離れたが、私の顔だけでなく、心なしか彼の顔も赤くなっていたような気がする。
そんなやり取りでお店に着くまでの間、私はとても幸せな感情を味わった。幸せに浸りながら歩いたせいか、その5分はあっという間に感じた。

惣太　早川さん着きましたよ。ここです。

彼が連れてきてくれたのは、「ベルベッコア」というおしゃれなシュラスコのお店だった。

店内には豪勢なサラダバイキングのスペースがあって、店員さんが各テーブルを周り、いろいろな種類のお肉をその場で切って配る形式のお店だった。店内には一瞬で客の食欲を掻き立てる、焼きたてのお肉の香ばしい匂いが漂っていた。

リコ　わぁー、いい匂い！　おなかを空かしてきたから、この匂いはヤバいよ。

惣太　ヤバいですよね。この匂い。さぁ、今日はおなかいっぱい食べましょう。

私たちは席に着いてすぐにビールを注文し、前菜のサラダを一緒に取りに行った。なんて楽しいんだろう。サラダを選びながらちょっとした会話をしているだけでもハッピーになるなんて。彼の好きな野菜を知るだけで、こんなにも嬉しい。

そして、席に戻るとほぼ同時に、注文したビールが良いタイミングで運ばれてきた。何もかもスムーズに進んでいる。私はそう実感していた。

惣太　今日は何に乾杯しますか？

リコ　そうですね。二人の初めてのお食事に乾杯はどうですか？

惣太　いいですね、それ。そうしましょう。では二人の初めての食事にかんぱーい！

これから何回、彼と乾杯できるんだろう。
私はこれから二人の関係が進展していくことに、期待を膨らませていた。
しかし、彼の口から出てきた言葉は、その期待が粉々に砕かれるものだった。

惣太　早川さん、今日食事に誘っておいて、こんなことを言うのは順番が逆なんですけど……。

彼は少し気まずそうに話を切り出した。

惣太　オレ、実は今、同じピラティススタジオで働いているマキコさんと付き合ってるんです。
通ってくださっている皆さんやスタッフには話してないので、誰も知らないはずなんですけど。誕生日プレゼントをくれた後に返事ができなかった本当の理由って、それなんです。
早川さんにプレゼントをもらった後、彼女からめちゃくちゃ責められまして……。「惣太がレッスンで気を持たせるような教え方をしたからじゃないの！」って。

リコ　えっ……。マキコさんと付き合ってたんですか？　まったく気づきませんでした……。

私はあまりのショックに言葉を失ってしまった。さっきまで感じていた幸せは、彼のこの発言によって一瞬で消え去った。

マキコさんは、私が通うピラティススタジオの中で最も若く、人気の女性トレーナーだった。
私の年齢が31歳。彼の年齢が27歳。そしてマキコさんの年齢は23歳。私よりも8つも若いマキコさんと付き合っている事実を知った私は、先ほどまでの幸福感が一転して、どん底に突き落とされる気持ちだった。
「どうして、そんな状況で私を誘ってきたのよ」と、混乱とともに彼を責めるような気持ちになっていた。思わずそんな感情もすぐ〝素直に〟口に出してしまった。

リコ じゃあ……なんで今日、私を誘ったんですか……？ さっき手を繋いだ時点で、これって浮気じゃん。

浮気、までは言いすぎだ。私はつい語気を強めてしまい、さっきまでの楽しい雰囲気から一転、重苦しい空気になっていた。

惣太 そうですよね、ごめんなさい。ためらったんですけど……早川さんのお願いの仕方があまりにも可愛かったから、つい手を繋いじゃったんです。オレも手を繋ぎたいって衝動でいっぱいになっちゃったんです。

というか、実は今日誘ったのもそうなんです。ここ最近、早川さんがあまりにも魅力的で、気がつけば目で追ってしまう自分がいて。

Tシャツもくださったし、もしかして早川さんもオレに好意を持ってくれてるのかといろいろ考えていたら、とにかく会って話してみたいって衝動でいっぱいになってしまって。

プレゼントのお礼もしたかったし、ついDMを送ってしまったんです。

すごく複雑な気持ちになった。私のことを魅力的だと評価してくれたことが嬉しい反面、女性に対しては潔白で誠実という幻想を抱いていたせいで、彼の実際の姿に少し幻滅してしまっていた。

美しい容姿をしているのに、チャラチャラしていない彼。その幻想はあまりにも無惨に崩れていった。少し気になる人がいたら、彼女がいても裏でDMを送っているのだろうか。

リコ　同じ職場のトレーナーさんと付き合って、同じスタジオのレッスンに通ってる生徒の私を誘って、村川さんって女癖があまり良くない方なんですね……。

こんなことを言葉にしてしまったら、もう彼とは楽しく過ごせるはずがないこともわかりつつ、私は思ったままを口にした。

でも、こんなにまっすぐに感情を出したのは今までにまったくないことだ。美湖ちゃんのレッスンが、魔力の強さが、効きすぎているのだろうか。

彼は少しおじけたような表情をした。

惣太　そう言われても仕方ないですよね。でもオレ、素敵だな、キレイだなって感じたら、考えるよりも先に行動しちゃうんですよね。今日も食事に誘ってどういう関係になりたいとか、いろいろ考えていたわけじゃなくて。とにかく純粋に、早川さんと会って話してみたいって気持ちには逆らえなくて。でも彼女がいるのに、こんなことするのはダメですよね……。

私の心は自分の内側の闇に取り込まれてしまい、彼の言葉を全部ネガティブに解釈してしまっていた。

あれだけ女性と接する仕事をしているんだ。

素敵だな、キレイだなと感じる対象は私だけじゃないはずだ。

過去にもこんなことが何回もあったのだろう。

そしてマキコさんと別れることはしないまま、彼は今、私を食事に誘うという選択をしている。

そう解釈すればするほど、私はまた自己嫌悪の闇に取り込まれていくのだった。

さっき手を繋いで幸せそうな顔をしているおめでたい自分を思い浮かべては、そんな自分を嫌悪の対象にしてしまっていた。

なんてバカなんだろう……。悲しくて、そして怒りが湧いている。自分にも、彼にも。思わず、さらに彼を責めそうになってしまう。

以前の私なら、ネガティブな感情をそのまま彼にぶつけていただろう。もしくは本音を隠して、無理に笑みを浮かべていたかもしれない。でも、こんな状況を見越していたのか、美湖ちゃんは**どうしようもない怒りや悲しみでいっぱいになったときの恋**

**魔術のコミュニケーション**も教えてくれていた。

私はゆっくりと深呼吸して気持ちを落ち着けて、美湖ちゃんの恋魔術を実践することにした。

美湖ちゃんに習ったことは以下のとおりだ。

**・嫌な気持ちをそのまま相手にぶつけるのではなく、ネガティブな感情を自分のみぞおちでしっかり感じる**（感じることでパワーになる）。

**・言葉にするときは「△△してくれてありがとう。でも私は××は嫌**（苦手、悲しいなどの感情）**なの。だから、○○してくれたら嬉しい。どうかな？」のカタチで、お願いスタンスで相手に伝える**（自分の本心は、「××が嫌」の奥にある「○○してほしい」という行動の部分。文中に入る○○を、自分の中でしっくりくる行動レベルで、具体的なカタチにして相手にお願いしましょう）。

**・相手の意見も聞く。**

**・嬉しい気持ちや感謝を伝える。**

今、○○の行動部分をこの状況で具体化するのは、私にとっては正直とても勇気のいることだった。

でも、美湖ちゃんの顔を思い浮かべると不思議と勇気が湧いてきた。

「リコちゃん、大丈夫。本心をそのまま言葉にして」

私の内側にいる美湖ちゃんの声がハッキリと聞こえた。また、これまでの恋魔術のレッスンのおかげで、きっと私はブラックパワーが増して、波動も強くなっているのだろう。

私は勇気を出して、彼に言った。

**リコ** 村川さん。正直に話してくれてありがとう。私も正直な気持ちを言うね。あなたにとってマキコさんは彼女で、私はまだ今日初めて食事をしている関係だけど……。私、大好きな村川さんがマキコさんと付き合っているのは悲しい。だから私のことだけをちゃんと見てくれたら嬉しいな。マキコさんと別れてくれたら嬉しいです。村川さん、ど、どうかな？

こんなこと、今までの私なら言えただろうか。彼のことが好きという言葉まで言えてしまった。

この言葉を言い終えた後、彼はびっくりしたような顔をしていた。それは当然だろう。でも、なぜか不思議な手応えを感じた。

惣太　そんなにストレートに思いを言葉にしてもらって、なんというか感動してしまいました。

彼はそう言うと、まさに魔術にでもかかったかのように、私が欲しい返事を口にしたのだ。

惣太　わかりました。オレ、決めました。マキコさんと話してみます。そして、まずは早川さんに告白しても失礼じゃない状態をちゃんと作ります。

リコ　え!?　あ、はい……。

私は自分で告白しておきながら、びっくりして言葉に詰まってしまった。

リコ　嬉しいです。はい、そのときが来るのを楽しみにしてますね。

映画の中の出来事のような、魔法の世界に行ったのではないかと思うほどの展開に驚きつつも、恋魔術の効果に鳥肌が立っていた。

そして私は、**相手に伝えるメッセージはただの言葉ではなく、感情というエネルギーの塊であることを実感した。**だからこそ、感情の感じ方と伝え方が重要なのだ。

このエネルギーの塊を相手に無茶苦茶にぶつけるのではなく、自分の中でクリアにしてあげるだけで価値があると美湖ちゃんが教えてくれたおかげで、言った後に不思議とスッキリした気持ちになっていた。

きっと、そのことを知らずにネガティブな感情を相手にぶつけるように伝えていたら、この恋はそこで終わってしまったかもしれない。

リコ 村川さんの気持ちを知ることができて、とっても嬉しいです。そしてちゃんと自分の気持ちも村川さんにお伝えできて良かったです。

でも、ストレートに毎回言えているのかっていうと少し違くて。誕生日にプレゼントを渡したときがあったじゃないですか。渡したのに村川さんからの態度が冷たくなった時期は、正直、私ピラティスのスタジオを変えようかなって思っていたんです。村川さんへの思いを直接伝えず、ウジウジ待つことしかできなかった時期はつらかった。でも、今日そのことについても、村川さんの気持ちが聞けて良かったです。

惣太 早川さん、本当にすみませんでした。マキコさんはまだ歳が若いですし、ヤキモチの妬き方がストレートなんですよね。

だから、プレゼントをもらったことがバレただけでも、オレにだけでなく早川さんに対しても攻撃的な態度を取り兼ねない様子だったんですが、「早川さんはマキコさんとオレが付き合ってることを知らないわけだから」と必死になだめました。彼女も気持ちにまっすぐな子なんですよね。良くも、悪くも。

ため息をつくようにそう言った彼の表情を見て、「彼はマキコさんとの関係に疲れている」と私は感じた。きっと、マキコさんはまっすぐにネガティブ感情というエネルギーの塊を彼にぶつけてしまっているのだろう。

ここで、私は美湖ちゃんに3日目に教わったことを思い出していた。

最終日に教わった魔術は、ワガママを言うことの重要性と、その基本概念についてだった。

美湖〈リコちゃん、いい？　最終日の今日は**ワガママを相手に言うことの重要性**を教

えるね。

一般的に辞書に載っている「わがまま【我（が）儘】」の意味は、「相手や周りの人の意に反して、無理なことでも自分がしたいままにすること。したい放題」だよね。周りに悪影響を与えること、というネガティブに解釈されることが多い言葉なんだけど、わたしは本質的にはそうではないと思ってるの。

我儘ってその字のとおりなんだよね。〝我がまま〟〝私のままで在りたい〟そして、そのままとは〝私らしい感情で在りたい〟って根源的な欲求なんだ。

だからね、「○○してくれたら嬉しい」の嬉しいという感情部分が大切なの！　**「○○してほしい」という相手がしてくれる条件よりも、「嬉しい」という感情をゴールにすること。**だから、○○してほしいという条件は具体的かつ柔軟に。

でも、この恋魔術のもっとすごいところは、〝○○してくれても、○○してくれなくてもいい〟ということ。「○○してほしい」というワガママな願望・欲望を、自分で自分のために相手に伝えるということ。

だから、**相手がどうこうではないの。自分が在りたい感情のために、それを自分で自分のために相手に伝えるの。**

つまり、「自分のために自分で言う」という、自分にエネルギーをかけてあげることで、そのエネルギーが返ってくる。相手が実際にしてくれるかどうかは相手次第。これが基本的にワガママを言ううえで、大事な前提になるの。

そして、「嬉しい感情を自分にもたらす責任は私自身にあることはわかっていますが、私一人では限界があるから、あなたに手伝ってもらえたら嬉しいな」とお願いするスタンスで付け加えると、それを言葉にしなくても相手はワガママを受け取りやすくなるんだよ。

そして最後に、相手の気持ちや意見を聞くスタンス。

だからワガママを言ううえで大事なポイントをまとめると、次のようになるよ。

- **「〇〇してほしい」という条件よりも、嬉しい感情をゴールにする。**
- **条件は柔軟に。**
- **可愛く謙虚なお願いスタンス。**
- **自分のために自分で言う。**
- **相手の意見も聞く。**
- **嬉しい気持ちや感謝を伝える。**

この前提でワガママを言えば言うほど、良い感情のキャッチボールができるようになるはず！　相手にもこの本来のワガママの言い方やパワーが移っていくから、男性も魔法にかかったようにすごく素直になっていくし。何よりもこうやって「自分にエネルギーをかけてあげること」が大切なの。これぞ**「ワガママの魔術」**。

リコちゃん、理解できましたでしょうか？

♥　♥　♥

「はい！　理解だけでなく、ちゃんと実践できたよ！」と心の中で私は美湖ちゃんにそう返事をした。理解というのは、習ったときに頭でするのではなく、実践できたときに心で感じるものだと強く実感したのだった。

**リコ** 村川さん。この状況で、マキコさんを傷つけないように別れてあげてね、なんて言う資格はないけど、なるべく彼女が納得いくように伝えてあげてほしい。私は覚悟できてるよ。

惣太 ありがとう、早川さん。マキコさんは気性が激しい部分もあるから、すんなり受け入れてくれるか不安だけど、とにかく話してみますから。
今日、早川さんがオレにハッキリと「私だけを見てほしい」って言ってくれなかったら、オレは二人を傷つけてしまうような中途半端なことをしていたかもしれませんね……。

リコ だから、そんなことにならないように、最初に「彼女がいる」って言ってくれたんでしょ？ 今日の村川さんへの評価は、不誠実だけどギリギリ誠実な人ってことにしておこうかな。
というか、私たちが話し込んでるから、店員さん気を使って肉を持ってこないじゃない（笑）。気を取り直してお肉を食べましょう。

惣太 不誠実だけどギリギリ誠実な人かぁ……。まぁ今日の時点では、その評価がピッタリですよね。素直に受け入れます。

ここからは食事を楽しみましょう。美味しいお肉たちには罪はありませんから。早川さん、牛のお尻の肉って食べたことありますか？　ピッカーニャって言うんですけど。日本の焼肉だと「イチボ」にあたるもので、オレ大好物なんです。

リコ　わぁ、イチボは私も大好き！　希少部位の中でも脂身が適度で食べやすいですよね。嬉しい、頼んでくれるの？

惣太　もちろん。脂身は適度なのがいいですよね。気が合いますね。

私たちはどうやら味覚の好みが一致しているらしい。そのおかげで、この後の食事はとても楽しい時間になった。楽しいだけではなく、美湖ちゃんの教えを実践できたという充実感も大きいのだろう。望外にも、好きな食べ物というお互いの確認までできたのだ。

でも、美味しく楽しい食事を終え、彼と別れて一人になると、私はふと嫌な予感に襲われた。それはみるみる大きくなり、私の脳裏に強く浮かんできたのは、もちろんマキコさんの顔だった。

コントロールできなくなった彼女の感情が、どんなカタチでこちらに向くのだろうか？ 彼はちゃんとマキコさんと別れてくれるのだろうか、と考えただけで恐ろしくなった。

さっき彼に「私は覚悟できてるよ」と凛とした表情で話していたときの私は、どこに行ってしまったのだろう……。

そんな不安な気持ちに飲み込まれそうな私は、ゆっくりと深呼吸をしたものの、嫌な予感は的中するのであった。

恋魔術のやり方

## ワガママの魔術

1 言葉で相手に伝えるときは、「△△してくれてありがとう。でも私は××は嫌（苦手、悲しいなどの感情）なの。だから、〇〇してくれたら嬉しい。どうかな？」のカタチで、お願いスタンスで言う。また、○○の部分を具体的な行動レベルで伝える。
2 そのお願いがカタチになったときのポジティブな感情を先取りする。
3 「あなたはどうしたい？」と相手の意見も聞く。
4 嬉しい気持ちや感謝を伝える。

## 解説

脳の特徴の違いにより、女性は感情型、男性は問題解決型の人が多いと言われています。女性は「○○が寂しかった。○○が悲しかった」などの感情部分を伝えがちですが、男性には理解されない場合が多いものです。

問題解決型の男性には、「どうしてほしいのか」を具体的にすることが重要です。基本的にヒーロー願望のある男性が多いので、願望を具体的にすることで女性のために行動しやすくなります。すると男性も「女性が嬉しい感情を抱いたのは俺のおかげ」と願望が満たされることに。だからこそ、「嬉しい！」という気持ちや感謝を伝えることも大切です。

しかし、あくまでも相手が叶えてくれるかどうかは相手次第なので、お願いスタンスで伝えることを意識しましょう。

この魔術のポイントは、自分の「私はこうだったら嬉しい」という本音（欲望＝闇）を自分で口にするという点です。自分のために自分で欲望（闇）を言葉にして相手に伝えることで、ブラックパワーが高まっていきます。

また、この魔術は一度ではなく、コミュニケーションの中で何度も繰り返し使っていくことが大事です。相手に言うことをきかせるのではなく、お願いを叶えてもらう、たとえ叶わなくても自分の欲望（闇）を相手に伝えることが大事、というスタンスを忘れないでください。

レッスン

# 4

# 失恋のドン底から
# やり直す
# 魔術

私は今、彼女がいる人を好きになって、さらにその人を略奪しようとしている。いくら自分の好きという気持ちに正直になることが大事とはいえ、私の中に罪悪感が芽生えているのも正直なところだった。

もし私が彼と付き合えたとして……その後に誰かに同じようなことをされたとして……。「ほかに好きな人ができたから、オレと別れてください」なんて言われたら、どんな気持ちになるだろう……。

彼に気持ちを伝えてからの数日間、こんなふうについ彼の彼女であるマキコさんの立場に自分を置き換えては、複雑な気持ちになっていた。

彼のことは好きだけど、そんなカタチで彼と付き合って、私はスッキリした気持ちで幸せを感じられるような人間なのだろうか、と複雑な気持ちを抱えるばかり。

そんな気持ちでいたせいか、その感情をそのまま投影したかのような最悪の連絡が彼から来た。

惣太 彼女に早川さんのことを正直に話したら、彼女、気がおかしくなっちゃって……。もし別れるなら、仕事も辞めるし、職場にも全部言うって言い出してしまって

いるんです。
早川さん、本当にごめん。今すぐ彼女と別れるのは難しいと思う。まっすぐに気持ちを伝えてくれた早川さんに応えたかったけど、ごめんなさい。
あと、ピラティスのスタジオでのことなんだけど。これも本当に失礼なお願いだと思うのですが、もし可能なら、ほかの先生にレッスンの担当を変えてもらえたら嬉しいです。
彼女のこともそうなんだけど、もしこのまま担当を続けても、また前みたいに早川さんに不自然なぐらい素っ気なく接しないといけなくなってしまうので、早川さんをさらに傷つけてしまいそうで。本当にごめんなさい。

この長いLINEを読み終えた後、私はもうすべてが終わったような気がしていた。いや、実際に終わったのだ。心が一瞬にして凍ったような絶望感だった。涙がとめどなくあふれてくる。その怒涛の涙と絶望の中で、寂しさ、悲しみ、憎しみ、自己嫌悪が代わる代わる渦巻く。

「恋魔術なんて、嘘じゃん」

美湖ちゃんにも怒りの矛先が向かってしまいそうになるほどだった。

♥ ♥ ♥

人目を気にせず、どれくらい泣いただろう。

そのうち「自分が自分をどう扱っているかが現れるのが現実なの」という美湖ちゃんが繰り返していた言葉が頭の中でループし出した。私は「なぜ、こんなことが起こったのだろうか？」と自分の内側へ意識を向けていた。

すると、自分自身の幼い頃のことが思い出されてきた。

「自分が幸せになるためなら、誰かを不幸にしてもいい」

そう思える女性も、世の中にはたくさんいることは知っている。そして、そういう女性のほうが、美湖ちゃんの言う魔力は高いのかもしれない――。

でも、**私は「誰かが不幸になるぐらいなら、自分は幸せにならなくてもいい」というような考えを捨てられずにいた。**

「なぜ自分が一番に愛されることを、まっすぐに考えられないのだろうか？」

そんな問いを立てると、自己嫌悪とともに不思議と妹の顔が浮かんできた。

私よりも親に甘えるのが上手だった妹は、私と比べて恋愛が得意だった。そういえば、妹は実際に彼女がいる男性を好きになり、その恋愛が成功したという話も私にしていた。

そのとき私は、「それって略奪じゃん」と言ったのを思い出した。

そして妹から「お姉ちゃんはいつもウジウジと他人のことばっかり考えて遠慮し

て、被害者みたいな顔してさ。何がしたいのかよくわからないよね」と何度か言われたことを思い出していた。

その「他人のことばっかり考えた末の遠慮」が始まったのは、ほかでもない妹のせいなのにと思うと、私は妹に対する憤りを隠せなくなった。

「なぜ自分が一番に愛されることを、まっすぐに考えられないのだろうか？」という問いへの答えは割と明確だった。

「お姉ちゃんなんだから」と両親から言われ、妹にいろいろなことを、まさに愛されることをも譲ってきた歴史が根底にあったからだ。

そして妹から、「お姉ちゃんはいつもウジウジと他人のことばっかり考えて遠慮して、被害者みたいな顔してさ。何がしたいのかよくわからないよね」という言葉を浴びせられるたびに、私の自己嫌悪の心の穴は大きくなっていた。

好きでもない勉強をして、努力して地元の国立大学に進学したのも、妹がお金のかかる海外留学をしたいと言ったからだ。

そうした選択を繰り返すことで、私は私という虚像を大きくしてきたのだった――。

そんなことを頭でグルグル考えては自己嫌悪し、また涙があふれ出した。

もうこんな生き方はやめにしたい……。こんな生き方しかできないなら生きていてもつらいだけだ……。私の心の中はひどく荒れてしまっていた。


そんな私の状況をまるでテレパシーで察知したかのように、美湖ちゃんからＬＩＮＥが来た。

「リコちゃん、今日渡したいものがあるの♡　この後、お時間あるかな？」

このタイミングで連絡をくれる美湖ちゃんの宇宙規模の愛に、私は躊躇なくすがることにした。

「今からすぐにタクシー呼んで向かうね」

私はそう返信をした。涙で顔がぐしゃぐしゃだったから、アプリでタクシーが来るまでの間に化粧を直そうとしたが、今の私には自分に酔うレベルまで顔をつくる気力はなかった。

美湖ちゃんの住む青山までのわずかな時間に、私は彼からのＬＩＮＥをもう一度、読み返した。そして、その文面をいろいろな角度から解釈しては、残された可能性や自分が二人の関係に割り込む隙間がないかを確認した。

でも、私がそんなことを考えて行動しようとすると、最も困るのは彼であることはすぐにわかった。感情のコントロールがうまくできないマキコさんの精神的なケアをしながら、私までワガママを言い続けたら、彼は精神的に参ってしまうだろう。彼を困らせたくはない――。

何回考えても、私は「誰かが不幸になるぐらいなら、自分は幸せにならなくてもいい」という考えの枠の外に出られずにいた。

そんなことを考えているうちに、私は美湖ちゃんの住むマンションに到着した。

美湖　やっほー♡　海外に行ってきたから、リコちゃんにお土産を渡したかったんだけど。ん、どうしたの？　目がぱんぱんで真っ赤だよ……。

私はさっきまで泣いていたことを、美湖ちゃんに隠すつもりはまったくなかった。むしろ、私がさっきまで泣いていたこと、そして泣いていた原因を1秒でも早く美湖ちゃんに知ってほしかったのだ。

リコ　美湖ちゃん……。彼、ダメだった。終わっちゃった……。

私はそう言葉にすると、美湖ちゃんのお家の玄関にしゃがみ込み、泣き崩れた。泣きじゃくりながらこれまでの経緯を話す私を、美湖ちゃんはギュッとハグしてくれて、「うんうん。うんうん」とずっと話を聞いてくれた。

美湖ちゃんの手から伝わる温かさや柔らかさは、時間をかけて少しずつ私の心を落ち着かせてくれた。

リコ　ピラティスのレッスンも「担当を変えてください」って言われちゃった……。

私は泣きじゃくりながら、感情のままに美湖ちゃんに話した。美湖ちゃんは、時間をたどって丁寧に聞いてくれた。

美湖〈リコちゃんはよく頑張ってる。美湖は本当にリコちゃんのこと、ホントにホントに偉いねって思うよ。でもね、まだ地球ストーリーの途中だから！　リコちゃん、まだまだストーリーの途中なんだよ。

美湖ちゃんが何度も言ってくれた「まだ地球ストーリーの途中」という力強い言葉に、少しずつパワーが戻っていくようだった。

ずいぶんと気持ちが落ち着いてきた頃、美湖ちゃんが言った。

美湖〈リコちゃんって本当に優しいんだね。一番に自分が愛されることを遠慮しちゃう気持ちがあるなんて。妹さんとのことがそんなに影響してるんだね。こんなことを聞いていいかわからないけどさ、リコちゃんは今、妹さんのことをどう思ってるの？嫌いなの？

リコ　嫌いっていうわけじゃないけど、そう聞かれると困るなぁ……。言われてムカついた言葉とかを今でも忘れられなくて、思い出すとすごく怒りが湧いてきたりするけど……。これって嫌いってことなのかな？

美湖　どうなのかな。その辺りは本当に難しいよね。家族やきょうだいって最も感情を抑圧しちゃう関係性かもね。嫌いと思ってはいけないって暗黙のルールがあったり、家族は大事っていう常識があったりして。
でも、今回の彼とそのマキコさんって彼女との三角関係って、親の愛情の奪い合いの構図と似てる気がする。聞いてみないとわからないけど、もしかしたらそのマキコさんにはお姉ちゃんかお兄ちゃんがいるのかもしれないね。ずっとそうやって親を困らせることで、親の気を引いて育ってきたのかもしれない。

リコ　ピラティスのスタジオで何度か顔を合わせたことがあるけど、表向きはそんな様子は感じないんだよね。でも本当に美湖ちゃんの言うとおりかも。彼とマキコさんとの三角関係は、まさに妹との親の愛情の奪い合いの構図に思えてきた……。

もしかしたら、妹は妹で罪悪感があったのかもしれないよね。妹から「お姉ちゃんはいつもウジウジと他人のことばっかり考えて遠慮して、被害者みたいな顔してさ。何がしたいのかよくわからないよね」って言われたことが何回かあってさ。妹は妹で被害者ヅラする私に勝手に加害者にされてる、と感じてたんだろうね。

そう思うと、妹が私にイライラする気持ちもわかるような気がしてきた。


美湖〈もうリコちゃん……。そんなに物分かりが良くなくていいんだよ。そんなふうに考えるとさぁ、また自己犠牲的な考えになっちゃうと美湖は思うの。素晴らしいけど、まず自分だけは自分の感情をちゃんと見てあげてほしい。

嫌いって言っていいよ。ひどいって思っていいよ。

きっと今もこの状況で、相手の彼女さんの気持ちばっかり優先して考えちゃってない？ そして**「自分が一番に愛されることを考えると誰かが不幸になる」**って、**それは本当のことかな？ リコちゃんの〝思い込み〟じゃない？ それは過去の出来事から自分で自分にかけた呪縛。**そして、その思い込みという呪縛がリコちゃんをずっと苦しめてるんじゃないの？

美湖ちゃんのその問いかけをきっかけに、私はあることを思い出していた。

あれは、私が銀行に勤め始めてすぐの頃だった。配属された課の先輩と私はうまくコミュニケーションが取れなかった。言いたいことを言っていいのかを躊躇してしまう私の性格は、就職したばかりの時期にはマイナスに働いてしまっていた。

「こんな初歩的なことを聞いていいのだろうか？」

そう遠慮してしまうせいで、私はミスを重ねていつも先輩に叱られていた。

「なんでちゃんと確認しないの？　聞いてくれたらいいのに」と先輩に言われるたびに、私は心の中で「確認しやすい雰囲気を作ってくれたら楽なのに」といつもカリカリしている先輩にも原因があると感じていた。

それは言葉にしなくても表情では隠し切れなかったらしく、「早川さんはミスが多いくせに、態度も悪い」と先輩に注意される始末。

こんな感じで仕事を続けていけるのだろうか、という不安を私は誰かに聞いてほしくて、家に帰って母に相談したことがあった。

しかし、職場でのつらい体験をすべて打ち明けたときの母の反応はあまりにも冷たく、私はさらに傷ついた。

「社会人なんてそんなもんよ。みんな同じようなことを経験して、すぐに慣れていくの。それに、リコもやり方を変えてみたらいいじゃない。その先輩に確認せずに怒られるぐらいなら、いちいち鬱陶《うっとう》しがられるぐらい確認してやればいいのよ。そうしたら先輩の態度もガラッと変わるかもしれないわよ。社会人になったんだから、少しは図太くならないとね。リコは大丈夫よ。お姉ちゃんなんだから」

「そんなことより、華奈《かな》のことなんだけどさ……。もう3日も連絡が取れなくて……。リコから電話してみてくれない？　お母さんの電話だと出ないのよね、あの子。もう心配でさ」

外資系の保険会社の営業で優秀な成績を収めていた母のアドバイスは、もちろん的確だった。

でも、私がしてほしかった対応とは、まったく一致していなかった。私に良い姉であることを期待する母の気持ちは理解できなくもないが、私は一言「つらかったわね」と感情に寄り添う言葉を母にかけてほしかったのだ。

そして何より、このとき私が最も傷ついたのは……「そんなことより」という母の一言だった。

「私よりも妹の華奈のことが心配なんだ」

「私よりも妹の華奈のほうが大事なんだ」

そんなふうに思うと、自分という存在が母からは必要とされていないと思えてしまうのであった。

この出来事もきっと、「自分が一番に愛されることを考えると誰かが不幸になる」という長女気質の私のネガティブな思い込みという呪縛が引き起こしたのだと思うと、吐き気がしそうなぐらい気持ちが悪かった。

そして、私の目には再び涙があふれ出した。

**リコ** 美湖ちゃん……。私もう嫌だよ、こんな呪縛……。こんな自分も嫌。苦しすぎる……。私も自分が一番に愛されたいって、もっと素直に思えるようになりたいよ。

美湖　そうだよね。そしてきっと、しっかり者のお姉ちゃんでいなきゃ、っていう呪縛がリコちゃんのトラウマなんだろうね。今日はその**トラウマの呪縛を解放して、「ブラックパワー」に変える魔術**を教えてあげるね。美湖もその呪縛を解放するのに実践してきた、とっておきの魔術があるからさ。

リコ　美湖ちゃん、ありがとう。でも私、大丈夫かな？　この呪縛はかなり重症のような気がして……。

美湖　大丈夫！　そのぶん強力な「ブラックパワー」になるから♡　美湖に任せて。じゃあ、ちょっとお風呂を沸かしてくるね。

そう一言残して、美湖ちゃんはお風呂を沸かしに行った。呪縛と魔術とお風呂。どんな関係があるの？　と私は疑問を感じたが、美湖ちゃんを信じてお風呂が沸くまでの間、じっと待つことにした。

美湖〈リコちゃん、準備できたよ。一緒にお風呂に行こう。

リコ〈え！　一緒にお風呂？　ちょっと恥ずかしいな……。

美湖〈あ、バスルームは真っ暗にするから、ほぼ見えないよ（笑）。でも美湖に裸を見られるのが恥ずかしかったら、水着を貸してあげるけど、どうする？

リコ〈よかった（笑）。大丈夫だよ、別に裸で。少し恥ずかしいけど、そのほうが魔力は高まりそうだしね。

美湖〈そうなの！　さすがリコちゃん。

変なことに気を使ってくれる美湖ちゃんに、私は思わず笑ってしまった。
そして私は、美湖ちゃんのお家の浴室に案内された。浴室は電気が消されていたが、いくつかのキャンドルが灯って薄暗かった。

そして、スモーキーでスパイシーな、ほんのりと甘く穏やかな奥深い香りの中に、柑橘系のさわやかな香りもほんのり感じられる不思議な匂いが漂ってきた。

**リコ** 美湖ちゃん、この不思議な香りは何？

**美湖** これはね、アロマ。**高次元と繋がるフランキンセンスを入れてあるよ。それだけじゃなくて、魔法の粉も入っているの。エプソムソルト。魔法のお風呂だよ！**

**リコ** 魔法のお風呂!? なんか聞いただけですごくエネルギーが上がりそう。それに、もうこの香りが魔法だよ。

そう言いながら、私は魔法の効力を期待しつつ、服を脱ぎ始めた。そして純粋に早く、この不思議な香りに全身を包まれたいという気持ちが高まっていたせいか、美湖ちゃんの前で裸になることはいっさい気にならず、魔法のお風呂という湯船に身を浸した。

すると不思議な温かさで、少しずつカラダが緩んでいくのを感じた。それと同時に、自分のカラダがとてもこわばっていたのに気づいた。

「こんなにもカラダが硬直するほど、つらかったんだね、私」

お風呂の温かさを感じてカラダが緩んでいくと、私は自然とまた涙が出てきた。

美湖〈リコちゃん。これから**「生まれ変わりの風呂魔術」**を教えるね。まずは呪縛を解いていくよ。

美湖ちゃんはエネルギーをがらりと変え、いつもの魔術をかけるときのパワーを感じさせるトーンの声で言葉を続けた。私はその声に身をゆだねることにした。

美湖〈リコちゃんは今、生まれたまま、ありのままの姿でいます。今日感じたありのままの気持ち、今感じているそのまんまの感情を出してみて。

そして勢いよくシャワーを出した。激しく流れる音の中、暗がりの浴室はキャンドルの灯りの揺らぎとともに、シャワーの湯気でいっぱいになり、フランキンセンスの香りが漂う。

美湖〈リコちゃん。今、感じてる感情を全部出して！　絶望とか怒りとか憎しみ、なんでもいいよ。彼にもマキコさんにも、そして妹さんやお母さんにも、人生にも自分自身にも、今まさに感じてるネガティブやこれまでに感じた痛み、闇を全部、全部感じて出してみて！

シャワーの激しい音に掻き消されないように、美湖ちゃんは大きな声でそう言った。

リコ え……うん。ひどい、ひどいよ！　ムカつく！　みんなムカつく！　なんで？　なんで私ばっかり!?

私はそう言うと、涙とともに、これまでの感情が、闇が、とめどなくあふれてきた。

美湖 もっともっと！　湯船の中で叫んでもいいよ！　湯船の中で暴れてもいいから。全部感じて！　全部出して！

リコ ひどい!!　ふざけんな!!　みんな、みんな、大嫌い!!　みんな、いなくなればいい!!

魔法の湯船のせいか、シャワーの激しい音の中で私は、癇癪《かんしゃく》を起こす子どものように、駄々をこねる子どものように、湯船をバシャバシャと叩いて叫びまくった。感情も涙も出しまくった。

するとそのうち、泣き疲れ、叫び疲れ、暴れ疲れ、駄々をこねて疲れ切った子どもの頃の自分に返ったような気持ちになっていった。

美湖ちゃんは、さらに神々《こうごう》しいトーンで言った。

美湖〈リコちゃんは今、すべての闇を感じ切り、出し切りました。トラウマも、苦しみや痛みや悲しみも、「私とはこうである」というネガティブな思い込みという呪縛も解放され、ありのまま、生まれたばかりの姿に戻りました。

そして生まれたばかりのリコちゃんは、さらにイメージの中で、お母さんのおなかの中に戻っていきます。生まれる前の姿に戻り、今、お母さんの温かいおなかの中、温かい羊水《ようすい》の中にいます。

美湖ちゃんがそう言うと、温かい湯船の中で本当に母のおなかの中にいるような、なんとも言えない懐かしいような感覚になっていった。

美湖〈羊水の中で、リコちゃんの全細胞が新しく生まれていきます。お母さんのおなかの中で、新しいリコちゃんが生まれています。

美湖ちゃんの誘導の言葉とともに、私のカラダはとても不思議な感覚に包まれた。温かさと優しさの中に、まるで自分が溶けてなくなるような感覚。
それをしばらく感じた後に、今度はゆっくりと自分という存在の輪郭をハッキリ感じていく実感があった。自分のカラダの一つひとつの細胞が再生されていく、そんな感覚を覚えた。
美湖ちゃんは、まるでその私の感覚が目に見えているかのように、絶妙なタイミングで最後の言葉を私にかけてくれた。

美湖〈リコちゃん、おめでとう。「生まれ変わりの風呂魔術」の儀式が終わったよ。お風呂から上がるときに「私は新しい自分に生まれ変わった」と心の中で宣言しながら上がってきて。

私はそう言われるまで、これが魔術の儀式だということをすっかり忘れていた。まさに生まれ変わったような感覚だった。
そして、その実感とともに、「私は新しい自分に生まれ変わった」と美湖ちゃんに言われたとおり、心の中で宣言しながらお風呂から上がった。

リコ 美湖ちゃん、この「生まれ変わりの風呂魔術」はすごいね。本当に生まれ変わったような不思議な感覚になった。

美湖 うふふ。呪縛も解かれたでしょ？

リコ 本当だ……。なんかトラウマのように感じてたことが、すごく遠い記憶のような感じがする。

美湖 この魔術は、失恋したときにやると本当にいいんだよ。呪縛とかもそうだけど、失恋もエネルギーがあってパワーなんだ。そんなエネルギーを思いっきり出して感じてあげると、「ブラックパワー」になるんだから。美湖もお風呂の中で「死ねーー!!」とかよくやるよ(笑)。

リコ 美湖ちゃんも同じなんだって聞くと、なんか安心する(笑)。

美湖 あとさ。失恋ってね、つまりは「自分が思った方法では、愛されたい人から愛されなかった」という体験をするわけでしょ。わたしたちは、幼少期よりもずっと昔から、愛されたい人から愛される方法を探してきたわけなの。人によっては、人生の早い時期にその方法を見つけるし。人によっては、人生の後半になってもその方法が見つからないし。

リコちゃんの場合は、幼い頃から「自分が一番に愛されることを放棄して、妹を優先させる」ことで、お父さんやお母さんに愛されようとしたわけなんだよね。だから、**大人になった今でも、無意識にその方法で愛されようとしちゃうの。**

それを変えない限りは幸せにはなれないってわかってても、その方法にずっと頼ってしまう原因は「リコはえらいね、リコは良いお姉ちゃんだね」って親に褒めてもらったときの感情や感覚が、肉体や細胞に刻み込まれているから。

だからこそ、この魔術で思いっきり感情エネルギーを感じて、肉体レベル、細胞レベルから呪縛を解いたの。

**リコ** 美湖ちゃん、今日、美湖ちゃんのお家に来るまで、完全にあきらめモードで絶望していたけど、魔法のお風呂に入った今は、こんな最悪の状況からでもうまくいくような気がしてきた。根拠もないし不思議なんだけど。

**美湖** 「生まれ変わりの風呂魔術」が効いてるんじゃない？

**リコ** 彼とのことを考えても、なんかここから新しい流れが起こってくるような、そんな可能性もあるんじゃないかなぁなんて、そんな気がしてる。これもまったく根拠ないけど。

**美湖** リコちゃんすごい！　生まれ変わりに成功するとね、今リコちゃんが言葉にしているみたいな、根拠のない自信みたいなものが湧き上がってくるの。それって、**生**

命力なんだ。
思いっきり感情を出しまくってエネルギーを感じられるのは、実はカラダの細胞の一つひとつが実際に活性化して、生まれ変わっていくからなんだよね。みごとに呪縛を「ブラックパワー」に変えたね！　リコちゃん、こんなにすぐ体感できるなんて、すごいすごい！

リコ　美湖ちゃんがいろいろな魔術を教えてくれたからだよ。あと、フランキンセンス？　エプソムソルト？　魔法のお風呂もすごいね！　本当にありがとう。

美湖　リコちゃんは、生まれ変わった今、これからどうなりたい？　どんな「地球ストーリー」を生きたい？　望んでみて。望むこと自体も生命力で、すべての創造の始まりのパワーだよ。

リコ　私……やっぱり彼のこと、あきらめないことにする！　もう誰かに遠慮してばっかりの人生なんて嫌だから。

このように生きながらにして生まれ変わるような体験を、人生のうちに味わうか否か――。それさえも魂が生まれるときに決めてきた地球ストーリーなのだとすれば、きっと私の魂も〝生まれ変わり〟を望んでいたのだろう。

ほかの多くの人の魂も、〝生まれ変わり〟を望んで生まれてきているのだろうか？

私はこのとき、ふとそんなことを考えていた。

恋魔術のやり方

## 生まれ変わりの風呂魔術

1 浴槽のお湯にフランキンセンスオイルとエプソムソルトを適量入れ、魔法のお風呂をつくる（準備ができない場合は、オイルやソルトはなくてもOK）。
2 お風呂の温かさを感じながらカラダを緩ませ、ネガティブな感情を出していく。泣いても、叫んでも、暴れてもいいので、そのままの感情を思いっきり出す！（湯船に口をつけて叫ぶと、声が反響しにくいのでオススメです）

3 感情を出し切ったら、母親のおなかの中（羊水）にいるような気持ちで、リラックスしてお風呂の温かさを感じる。そして、すべての細胞が生まれ変わっていくようなイメージをする。

4 「私は新しい自分に生まれ変わった！」と宣言してお風呂から上がる。

**解説**

絶望や怒りといった強烈なネガティブ感情（闇）にも、生命力のようにパワーがあります。それらを心の中にしまい込まず、しっかりと感じてあげると「ブラックパワー」に変換されて自身の力になります。

フランキンセンスは肌の再生を促進するなど「若返りのオイル」とも言われ、美容効果にも優れた精油です。また、古くから「神聖な状態に導き、高次元と繋がるエネルギーを持つ」とされ、儀式や瞑想などにも使われてきました。

また、エプソムソルトは硫酸マグネシウムで、「魔法のミネラル」とも言われています。マグネシウムが不足すると神経過敏や抑鬱感が生じるとされており、精神の安定にも大事な栄養素です。

マグネシウムは体内のさまざまな生成プロセスに不可欠で、細胞分裂を助け、生きるエネルギーを生み出すとも言われています。そしてスピリチュアルな面でも、心身を浄化してエネルギーを高める効果があり、〝神が宿る〟とも言われる腸の機能を活発にする働きもあるとされています。

そのため食事はもちろん、食事以外からのアプローチでも補給することが重要です。皮膚からは吸収率が良いとされているので、日常的に浴槽のお湯に溶かして入浴するのがオススメです。

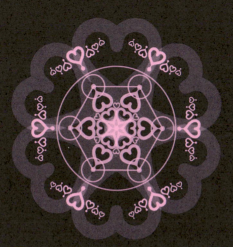

# レッスン 5

# 深い傷を繋がりに変えていく魔術

彼にフラれ、ピラティスの担当講師を違う人に変えてくれと言われ、きっと今までの私ならば、スタジオ自体をほかに変えていたと思う。彼と顔を合わすのは気まずいし、何より彼女であるマキコさんと会うのはさらに気まずかった。

私が彼に「別れてくれたら嬉しい」とハッキリ伝えたことを、彼女も知っている可能性がある。まともな神経ならば、この状況で二人が働くピラティススタジオにわざわざ通い続けることはしないだろう。

でも、魔法のお風呂による生まれ変わりの儀式の効果や、これまでの恋魔術のレッスンのおかげで、私は驚くほど波動が強く図太くなっていて、私は「一番に自分が愛されていい」と思えるようになっていた。

そして、美湖ちゃんに「本当はどうしたいの？　本音の欲望ではどうしたいの？」と聞かれ、私は決意していた。

「深い本音の欲望（闇）を出すのは良くないとされているけど、その欲望こそ、純粋なまっすぐな思いだよね」

自分にそうした欲望があることを、まずは自分で気づいてあげる。そうすることで純粋な「ブラックパワー」に変換される――。

何度も美湖ちゃんから言われた言葉を思い出して、私は彼を自分のものにするのに1％でも確率の高い選択をすることにし、自分でも信じられないような行動を取ろうとしていた。

♥ ♥ ♥

今日は彼にフラれて以来、初めてのパーソナルレッスンだった。彼の勤めるピラティススタジオ「マインドフルボディ」の予約システムは、常に専属で同じ担当がつくシステムではなく、自分のスケジュールの空いている日時に予約が埋まっていない講師から選んで予約するシステム。

そのため、パーソナルの担当を違う人に変えてくれという彼からの要望は、「もうオレの空いているパーソナルの枠に予約を入れないでほしい」ということを意味していた。

もちろん、「マインドフルボディ」は私の通う銀座のスタジオ以外にも複数のスタジオを運営しているので、彼がいない日にパーソナルレッスンを予約することも可能な状況ではあった。

つまりは、「マインドフルボディ」の専用アプリでスケジュールを確認すれば、今日どの講師が出勤しているのかが一目でわかってしまうシステムなのだ。

私はそのシステムを逆手にとって、彼が出勤をしていて、マキコさんが違うスタジオに出勤していて、彼以外の講師のパーソナル枠が空いている日をずっと探していた。このストーカーギリギリのスケジューリングが成立したのが、彼にフラれて10日後の今日だったのである。


そして私は、この日一番遅い時間帯の枠のレッスンに参加していた。

彼の代わりに選んだパーソナルレッスンの講師は、亮太《りょうた》さんという色白で中性的な線の細い若い男性だった。マキコさんと同じく20代前半の講師で、少し頼りない存在感の印象だったが、私にとってそんなことは関係なかった。

私には、このレッスンが終わってからのほうが重要だったからだ。この日のレッスンはどうでもいいという前提がプラスに働いて、不思議と集中できた。

パーソナルスタジオではあるものの、レッスンをするスペースは個室ではないた

め、ほかの人がレッスンしている様子も見える。

彼はすぐ見つかった。私のすぐそばで今日は自分と同年代の女性にマシンを使ったレッスンを熱心に行っていたが、それも不思議と気にならなかった。少し前だったら気になって仕方がなかったかもしれない。

「今、意識をそこに向けたところで、どうにもならない」

美湖ちゃんの恋魔術レッスンのおかげで、頭ではなくカラダがそのことを理解した感覚があった。

自分の心の声を、自分のカラダが素直に受け入れてくれるように変化した感覚があったのだ。

もちろん彼もプロらしく、本当に何もなかったようにレッスンに集中していた、ように見えた。


そんなこんなで、私は久しぶりのレッスンを終えてスタジオを出た。そして私は、彼が仕事を終えて出てくるのを外で待つことにした。

「マインドフルボディ」の銀座スタジオは、割と大きな商業ビルの9階と10階の2フロアで運営されている。私はその商業ビルのエントランスに設置されたソファに座り、彼が出てくるのを待った。

そして20分くらい待つと、彼がエレベーターから姿を現した。さっきのレッスン中は冷静な態度だった彼が、私と目が合った瞬間、ギョッと驚いた表情をしたのがわかった。

目をそらし、早歩きで私の前を通り過ぎようとしたので、私はソファから立ち上がり、慌てて彼を引き留めた。

**リコ** 村川さん、待って！　少しだけ話がしたいの。10分でいい。困らせるようなことは言わないから。

**惣太** 早川さん、ごめん。この状況が困るんです。一緒にいるのを見られたら……。ほかの先生たちも、もうすぐ降りてくるし。本当にごめんなさい。

そう言うと、彼は逃げるようにビルの外へと歩き出した。

私も慌てて彼の後を追いかける。

**リコ** 村川さん、待って!!　お願い、少しでもいいから！

そう言う私の静止を振り払って走り出す彼に、「私の話もちゃんと聞いてよ！」と大きな声で投げかけながら、私は後を追いかけた。

人通りの多い銀座の街中で、その異様な光景は大勢の人の視線を集めた。それを恥ずかしく感じたのか、彼は逃げるのを断念し、困り果てた様子で言った。

惣太　早川さん、ごめんなさい。LINEでお伝えしたとおり、早川さんの気持ちには応えられないんです。
オレが中途半端に気を持たせるようなことをしてしまったのはわかってます。でもやっぱり、オレはマキコさんを見捨てることはできなくて。

リコ　それはもう……わかっています。「別れて」って改めて懇願しにきたわけじゃないの。ただ、どうしても聞いておきたいことがあるから。

この機会を絶対に逃さないという私の強い思いが伝わったのか、彼は根負けして私の言うことに従った。

惣太　わかりました。それなら1時間くらいでしたら……。でも、この辺りだと誰に見られるかわからないので、場所を変えてもいいですか？

彼の発言や様子から察すると、もしかしたらマキコさんは、私が彼にアプローチをしたのはもちろん、私に別れてほしいと言われるままに彼がマキコさんを振ろうとしたことなど、すべての出来事をほかの先生にも言いふらしているのかもしれない。

そうだとすると、仕事終わりに待ち伏せをして二人きりになる作戦が使えるのは、今日が最後だ。

そんなことを考えながら、早足で歩く彼の後を私は無言でついていった。

この間は手を繋いで一緒に歩いてくれていた彼が「今日はあくまで先を歩いているだけ」といった様子でスタスタと歩く背中を、私はじっと見つめていた。

♥ ♥ ♥

ほどなく、小さな公園に到着した。

薄暗い公園の横にある自動販売機で、私はコーヒーを2本買った。その1本を渡したのと同時に、彼は早口で私に言った。

惣太〈早川さん、同じことの繰り返しになりますが、本当にオレが悪いと思っています。自分から食事に誘って、彼女と別れますと言ったのに……。逆に早川さんをまた突き放すカタチになってしまって。全部オレが悪いんです。本当にごめんなさい。

私が言葉を発するのを遮るように、彼は言葉を続けた。

惣太〈早川さんの気が済まないのはわかります。でも別れ話をしたときに、マキコさんがパニックを起こしてしまい、とてもじゃないけど一人でやっていける感じではないんです。もう彼女、仕事を辞めてスタジオの社長にオレが生徒さんと二股してたことを言いつけるって騒いでて。本当に大変だったんです。

リコ〈……そうだったんですね。そんなことをされたら、村川さんがスタジオにいられなくなっちゃいますもんね。

でも、私が今日どうしても聞いておきたかったことは、そういう部分ではなく、村川さんの本心なんです。

感情を入れずに淡々とした口調で言う私の態度に、彼は意外そうな顔をしていた。そして、私が責めるために来たのではないことを知って、少し安心した様子でもあった。

リコ　村川さんは……本心では、どうしたかったの？　実際に別れるとかではなくて……村川さんの本心はどうなのかなって。

彼は私の質問に答えるまでに、かなり間を置いた。本心を言葉にすることに対して、いろいろな葛藤《かっとう》があることがにじみ出ていた。

惣太　こんなことを言うのは嫌なんですが……。本当は別れたいけど、別れたいって気持ちを押し通せなかったというのが本心です。ピラティスの生徒である早川さんと食事をしたことを責められたし、早川さんにアプローチされたら簡単に気持ちが移り変わる薄情さも責められました。

そして、なんというか責められれば責められるほど、自分の本心がとても醜いもののように感じてしまって。もうオレはこの状況で「自分がどうしたいなんて主張する資格はない」という気持ちになってしまったんです。

**リコ** 村川さん、こんなことは聞きたくないですけど、そもそもマキコさんと別れたいと思っていたんじゃないですか？　マキコさんと付き合うことから本当は解放されたかったんじゃないかな、と私は思ってて。

それで何か彼女にフラれるようなトラブルを引き起こしたくて、私を食事に誘った。私が「別れて」ってお願いしたので、逆にその私のお願いに乗っかった――。違いますか？

私のこの質問に、彼は一瞬ハッとした顔をしたものの、その後に見せた表情は何かを覚悟したようなものだった。

惣太　早川さんは、いろいろなことがお見通しなんですね。はい。おっしゃるとおりです。もちろん早川さんは魅力的で、仲良くなりたいって思う気持ちはありました。でも、どちらかと言うと、早川さんから誕生日プレゼントをもらった辺りから、彼女と別れるきっかけになれば、と無意識に思っていたのかもしれません。

リコ　やっぱり。

惣太　ほかの女性に気が移ったとなれば、さすがに彼女のほうがオレに愛想を尽かすかなって思ったんですけど……。全然ダメでした。オレの浅はかな考えは裏目に出てしまいました。そして早川さんを巻き込むことになってしまい、ごめんなさい。でも！　あの日、ストレートに思いを告げられて、早川さんへの気持ちが急激に高まったのも本当です。どっちにしろ最悪ですよね……本当に情けない。

彼の苦しげな表情を見ながら、私は話を続けた。

リコ　でも、村川さんはどうして、そんなにマキコさんと別れたいんですか？

惣太　彼女、見捨てられる不安がすごく強くて。口癖のように「どうせすぐに私のこと、捨てるんでしょ？」って言ってくるんです。

付き合って最初の頃は「オレが安心させてあげたいな」と思ったし、そんなふうに感情が不安定な彼女のことを可愛いなって思ったんです。

でも、彼女を安心させようとすればするほど、彼女の要求はエスカレートしていくし、彼女は安心するどころか、感情のアップダウンが激しくなっていって。もう途中からは、オレにどうにかできるレベルじゃないと思うようになっていきました。なんというか、彼女を幸せにできない自分自身を責めるようにもなってきて……。

彼女と一緒に過ごしていても、深い霧がかかっているかのように、明るい未来がまったく見えなくなってしまったんですよね。そんな状況だと、会う約束をするのも気が重たくなってしまって。

でも「会いたい、一緒にいたい」という要求を断ると、彼女は「どうせ、すぐに私のこと捨てるんでしょ?」ってさらにすごい落ち込み方をするので……。そうならないためだけに一緒にいる時間が、ただただ続いてしまっていました。だから、早川さんの推測のとおりです。なんとか別れるきっかけを作りたかったんです。

リコ　でも、けっきょくは「ほかに好きな人ができたから別れて」と伝えたことでメンタルダウンしている彼女を、最後まで見捨てることができなかったってことですよね。それで逆に、村川さんは別れることをあきらめた。

惣太　そうです。逆にそこまでわかってくださってるなら、もうそっとしておいてください。傷つけた早川さんにオレがこんなことを言うのはひどいと思うんですけど、正直言うと、オレ、今でもめちゃくちゃしんどいんです。もうこの先どうなるかわかりませんが、本当に限界になるまで、もう彼女といるしかないと思ってます。

彼のその反応は、優しいという理由からくるものではないことを私はすぐに理解できた。彼自身もメンタルが崩壊しかけている。

そしてそれは、「見捨てられたらどうしようと不安な女性」を見捨てられないという、彼の心にも大きな闇があふれているような気がした。

私はこのとき、美湖ちゃんから教わった、ある魔術のことを思い出していた。

♥ ♥ ♥

美湖　ねねね。今、「リコちゃんにこの魔術を伝えておいて」って直感が降りてきたの。だから教えておくね。

突然、恋魔術のレッスン中に美湖ちゃんがそう言い出したのだ。

美湖　それは、「**相手の心の傷を繋がりに変える恋魔術**」。誰しも、自己嫌悪の心の穴が空いてない人なんていないと美湖は思うの。

例えば、リコちゃんが大好きなその彼にも、きっと自分の嫌いな自分っていう心の穴の闇が存在している。

でね、リコちゃんと彼の距離が今よりも近づいたときに、きっとそういう彼の心の穴の闇を感じる状況が来ると思うの。だからなんかね、この魔術を教えておいたほうがいい気がするんだ。

深い傷をキズナに変えるこの魔術の手順は二つ。

一つ目は、まず彼の心の傷や痛みといった闇を一緒に感じてあげるの。「そんな傷があったんだね。痛かったね。出ておいで」って。一緒に感じて出してあげて、解放するように痛みを流してあげるの。

二つ目は、そんな彼の心の傷や闇を愛おしいな、美しいねって思ってあげるの。

♥ ♥ ♥

まさに、美湖ちゃんが予想したとおりの状況が今、目の前にやってきている。

美湖ちゃんに教わった、**「キズナ作りの魔術」**の最初の手順である〝一緒に感じる〟

を私は実践することにした。

リコ　村川さん。彼女の不安そうな顔や、責めてくる彼女の姿を思い浮かべてみて。その顔を見たら、どんな感覚になる？

惣太　え？　そんなこと聞いて、どうするんですか？

リコ　いいから教えて。私への罪滅ぼしだと思って、全部話してください。不安そうな彼女の顔、取り乱して感情が不安定な彼女の姿を思い浮かべてみて。

惣太　えっ……罪滅ぼし。そう言われると……わかりました。

彼は私の指示に従い、マキコさんの不安そうな顔を思い浮かべている様子だった。すると急に表情が曇り、苦しそうにし始めた。

惣太　苦しいです。胸の辺りが締め付けられて、おなかの辺りに重たい鉛が詰まっているような鈍い感覚があります。うぅ……とにかく苦しいです。

私は、彼の表情や言葉をもとに、彼がどんなふうにカラダの内側でその感覚をとらえているのかを想像した。すると、彼が今感じている苦しみが自分の内側に入り込んで、私もみぞおち辺りが苦しくなるのがわかった。

リコ　苦しいよね……この鈍い痛み……。

私はみぞおちの痛みを感じながら、ゆっくりと呼吸を続けた。そしてその痛みに語りかけるような思いで、感じながら呼吸を続けていくと、そのみぞおち辺りが少しずつ緩んでくるのを感じた。

リコ　ねぇ。この感覚を抱くようになったのは、マキコさんと付き合ってから？　それとも、もしかしたらもっともっと昔からじゃない？

私がその質問をすると、彼の表情がさらに一段と曇り、そして感覚の履歴を掘り下げたことで、心の傷の痛みがさらに増していく感覚が私にも伝わってきた。

**惣太** 早川さん……不思議なんですけど、オレがずっと蓋をしていた記憶が今、湧き上がってきました。もうしばらく連絡を取ってない実家の母さんのこと。いつも父さんに見捨てられることを不安に感じながら、感情が不安定だった母さんのこと。

**リコ** うんうん。そうだったんだね。

**惣太** 母さんは、「惣太、お母さんがお父さんに捨てられたら、私たちどうやって生活していく？」っていつも不安そうにしてました。父さんは浮気を繰り返して、帰ってこない日が多かったから仕方がないんだけど……。オレ、母さんにその質問をされるたびに苦しい思いをしていたんです。

母さんはオレに依存することで、父さんに見捨てられる不安を埋めようとしてたんだと思う。だから、母さんのチカラになりたい物分かりのいい大人な自分と……本当はもっと母さんに甘えたかった子どもの自分と……いつも二人の自分が言い争いをしていて……。

**リコ** わかります。私にも母親とのそういう苦しい思い出があるから。村川さんは……子どもの頃の惣太くんは、本当はお母さんに言いたかったことがあるんじゃないですか？

**惣太** はい。「母さんも不安かも知れないけど、オレだって不安なんだよ。オレだって誰かに頼りたかったんだよ！」って母さんに言いたかったけど、我慢してたのを覚えてます。
そしてそれ以上に、母さんをいつも不安にさせていた父さんにも「母さんのこと、もっとちゃんと見てあげろよ!!　しわ寄せが全部、オレに来てるんだよ!!」って言いたかったです。

暗がりの公園でそう語気を強める彼は、涙を流していた。私はそんな彼を見て、自然と「愛おしいな」という気持ちが湧いてきた。

私は、「キズナ作りの魔術」の二つ目の手順である〝愛おしく思う〟という気持ちが自然とあふれてきたことに気づいた。

彼自身のことも、彼の心の闇も、どちらに対しても愛おしさがあふれてくる。彼の容姿の美しさではなく、彼からあふれる「痛みという感情」にも美しさを感じた。

以前、美湖ちゃんが私を見て、「リコちゃんの闇も美しいね」と言った気持ちがわかったような気がする。

惣太……早川さんの前で泣いてしまってごめんなさい。本当、オレ情けないな。でも、本心を言えてすごくスッキリしました。今、言葉にしたことで、さっきまで感じていた苦しい感覚が、何か憑き物が取れたみたいになくなった感じがする。

彼は少し穏やかな表情を浮かべて私に言った。彼のその晴れやかな感覚を、表情だけでなく私はハートで一緒に感じることができた。

そして彼と目が合った——。

その瞬間、私たちは心と心が繋がったような、まさに「キズナ」ができたような感覚を抱いていた。

美湖ちゃんから教わった「キズナ作りの魔術」をぶっつけ本番で成功させられた自分に、私は賞賛を送った。もちろん、今ここにはいない美湖ちゃんにも、「教えてくれてありがとう」と心の中で感謝を伝えた。

リコ 村川さん、話してくれてありがとう。きっと村川さんは、無意識にお母さんをマキコさんに重ねて、お父さんの過ちをやり直そうとしていたんだと思います。そして付き合った女性を見捨てるという選択をすることは、大嫌いだったお父さんと自分の存在を重ねてしまうことになるから、村川さんにとっては絶対に避けたい選択だったんじゃないかと思います。

私はそう言うと、ふぅと息をついて言葉を続けた。

リコ ごめんなさい。こんなカウンセラーの真似事《まねごと》みたいなことをしてしまって。でも、私もスッキリしました。村川さんの本心以上の心が知れて。そして安心してください。最初に呼び止めたときにお伝えしたとおりで、マキコさんと別れてほしいと要求するためにお話ししたかったわけじゃないんです。ただ大好きな村川さんが苦しんでいるのが、私は嫌だったので……。

美湖ちゃんに教わった**「キズナ作りの魔術」の大前提は、見返りを求めずに行うこと**であった。

**惣太** 早川さん……なんて言葉にしていいかわからないんですが、本当に感謝してます。さっき追いかけられたときは、早川さんからも責められるんだろうなって覚悟してましたから（笑）。もちろん、責められても仕方ないんですけど。でも、こんなに話をして楽な気持ちにさせてもらえるなんて思ってもいませんでした。早川さんって、オレの想像を超えた能力と魅力をお持ちなんですね。

私のほうを見てそう口にした彼の瞳が、暗がりの公園の中で輝いているように感じた。

**リコ** 私も最後にちゃんと村川さんとお話をする時間をもらって、納得がいきました。能力？　魅力？　そう言ってくれて嬉しいけど。実は今まで片思いしても、ちょっと冷たくされたり、そっけなくされたりしたら、すぐにあきらめてしまってて。親友に叱られちゃったんですよね。だから村川さんには全力で向き合おうと思って。その親友に相談して、いろいろ教わったんです。

惣太　それで待ち伏せまでしたってこと？　それは大きな変化ですね。お前が言うなって話ですけど……。というか今、「最後」って？

リコ　はい。私、今日を最後にピラティスのレッスンに通うのをやめようと思ってます。私は私で気が済みましたから。さっき村川さんが言ってくださったとおり、待ち伏せまでして、逃げる村川さんを走って追いかけて、気が済むまで本心を掘り下げて聞き出せて。それでじゅうぶん、自分の成長を感じられましたから。私も村川さんに感謝しています。

惣太　そうなんですか……辞めちゃうんですね。じゃあ、本当にこれで会えるのは最後なんですね。

リコ　はい、最後です。名残惜しいですけど。最後にもう一つだけ、お願いしてもいいですか？

惣太　何ですか？　オレにできることなら、なんでも。早川さんにはたくさん迷惑をかけたから。

彼のその返事に、私はニコリと小悪魔的な笑みを浮かべた。まるで自分に美湖ちゃんが乗り移ったかのように――。

リコ　じゃあ最後にギュッとハグしてもらえたら、すごく嬉しいんですけど……どうかな？

**美湖ちゃんに教わった「ワガママの魔術」の文脈を守りつつ、私は彼に最後のリクエストをした。**

彼は薄暗い公園で周りの目を気にしながら、私のリクエストに応えてハグをしてくれた。

私は彼のカラダから離れる瞬間に、彼の手のひらに、あるものを忍ばせた。

「え、何これ？」という彼に、私は上目遣いで「魔法のお守り」とだけ言い、いつもの美湖ちゃんのようにパッと離れて「バイバイ！」と公園から走り去った。

彼の視線を背中に感じながら――。

恋魔術のやり方

## キズナ作りの魔術

1 相手の心の痛みや苦しみを一緒に感じる（「心のどこが痛い」など詳細がわからない場合、あなた自身が予想しても大丈夫です）。

2 呼吸をしながら、その相手の痛みを感じて「出てこられてよかったね」と心の中で伝えてあげる。

3 痛みを感じている相手に対して、「愛おしい」「美しい」などの愛の感情で包んであげて、その痛みを流すように解放させるイメージをする（「心が苦しくなるほど痛みを感じるのは生きている証であり、人間らしさでもある」という愛おしいイメージを広げながら行いましょう)。

**解説**

相手の深いネガティブ感情(闇)を一緒に感じることで、深いレベルで相手と繋がっていきます。相手の心の痛みを「見る」ことで、溜めていたエネルギーが現れて解放されていき、その行為をともに行うことで深い部分での繋がりが生まれます。

なお、この魔術はエネルギーが恋愛だけでなく深いレベルで繋がるので、本当に大切な相手にだけ行いましょう。特に、相手の痛みを感じた後は、その痛みを溜め込まずに、必ず「流す」「解放する」イメージをしてください。

レッスン

# 6

# 会えない状況から奇跡を起こす魔術

彼と最後に会った日から、もう1カ月以上が過ぎようとしていた。私はあの後、通っていたピラティスの教室をすぐに変えた。

もちろん、彼とはいっさいLINEなどのSNSでもメッセージのやり取りをしていなかった。

「あれから彼はどうしているだろう？」と気になることはあったけれど、不思議とそのことばかりに意識が取られるということはなかった。

これも美湖ちゃんに教わった魔術のおかげなのだろうか？

**私は自分が悲しい気持ちになることよりも、自分が嬉しい気持ちになることに意識の焦点を当てるのが得意になっていた。**大好きな相手に全身全霊で向き合ったおかげで、自分の好きな自分にずいぶんと近づけた実感もある。

そして、容姿も内面も割といい女になった。これはまさに、魂監督の設定した「主演女優リコ」である、と実感していたのだった。

そんな私は、美湖ちゃんに誘われて、二人で美湖ちゃんの友達のライブに行く約束をし、この日、渋谷駅で待ち合わせをしていた。

**美湖** やっほー、リコちゃん♪　元気にしてた？　リコちゃんは本当に可愛くなったよね。数カ月前とは別人だね。今日ライブでナンパされても、美湖のことを置いていっちゃダメだよ（笑）。

今日も個性的なレーススリーブのTシャツワンピをおしゃれに着こなした美湖ちゃんと、ライブ会場である宮下公園のほうへ向かって歩き始めた。

**リコ** ナンパされて私を置いていくのは、いつも美湖ちゃんでしょ？（笑）　私はナンパなんかについて行かないから。

**美湖** え？　私がいつナンパされてついてった？　こう見えても意外に私は超かたいんだから。

**リコ** 美湖ちゃん、「こう見えて」って自分で言っちゃってるじゃん（笑）。そのTシャツワンピもすごく丈が短いんだから、美湖ちゃんパンチラ気をつけてよ。そもそも美湖ちゃん、今日ちゃんとパンツはいてるの？

美湖　今日はね……えっとね、どうだったかな？　あっ、ちゃんとはいております（笑）。

昔、美湖ちゃんのYouTubeチャンネルで「美湖はノーパン」という放言をしてからというもの、定例のイジリになっているやりとりだ。このくだらないやりとりに心が癒される。

美湖ちゃんはこうして、自分の隙《すき》だらけの一面で可愛く周りを癒すからすごい。これも小悪魔的な魅力の一つに感じる。

リコ　確認しないとわからないとか、本当ウケる。

美湖　ははは（笑）本当だよね。いつもはいておけって感じだよね。それにしてもリコちゃん、元気そうで良かったよぉ。例の彼の一件では心配したけど、でも本当にリコちゃん頑張ったし、魔力も魅力も上がったよね！

リコ　ううん、これも全部全部、美湖ちゃんと恋魔術のおかげ。でもさ、恋愛って向き合い方次第で、こんなに成長できるんだね。それに驚いてるよ。

美湖　そうなんだよね。恋愛感情って**〝魂の向上心〟**の現れだからね。向き合えば向き合うほど、魂が上に上に登っていくから。

リコ　そして、恋魔術も本当にありがとう！　恋は実らなかったけど、めっちゃ魔力も魅力も上がったよね、私（笑）。

美湖　ん？　実らなかった？　まだまだ「地球ストーリー」の途中だよん。とにかくリコちゃんのこれからが楽しみだよね！

私たちがそんな会話をしている間に、ライブ会場に到着した。
今日のライブは、美湖ちゃんの友達のアーティストによる新しいアルバムのリリースパーティーだそうで、華やかな服装をした人が目立った。
1階のカフェスペースでは、雰囲気のいい音楽をかけるDJさんが、みんなの会話の邪魔をしないような心地良いプレイをしていた。この1時間後に始まる美湖ちゃんの友達のライブは、2階のフロアで行われるらしく、集まった人たちはリラックスした空間でライブまでの時間を楽しんでいた。
元プロミュージシャンである美湖ちゃ

んは、会場にたくさんの友達がいる様子で、いろいろな人から挨拶《あいさつ》をされている。最初は隣で私も自己紹介をしていたが、だんだんと場違いな感じがしてきたので、私はトイレに行くフリをしてしばらく一人でその空間を楽しむことにした。

そして、奥のバーカウンターでとりあえず一杯目のビールを注文しようとしたそのとき、「ハイボールください」という聞き慣れた声が聞こえた。

その声の主は、今日出会うことをまったく想定していなかった——村川惣太。私が1カ月前にお別れし、もう会う予定のなかった彼だった。

向こうもビールを注文する私の声に反応してこちらを向いたようで、バーカウンターの至近距離で目が合った。

リコ　村川さん??

惣太　早川さん??

まさかの場所で、まさかのタイミングで、私たちは偶然の再会をした。

リコ 村川さんがこういうライブに来てるのビックリ!!

惣太 オレのほうこそ驚いた。こんな場所で早川さんに再会するなんて。もう会えないと思ってましたし。

リコ 今日は誰と一緒に来たの？　マキコさんも一緒？

私はこのとき、再会して嬉しい反面、マキコさんと顔を合わせることを想像して少しゾッとしていた。

しかし、彼の口から出てきた答えは意外すぎる内容だった。

惣太 いや、オレ一人ですよ。元々、今日ライブをやるアーティストのファンなんですよね。それに……オレ、マキコさんと別れました。

その言葉を聞いた瞬間、まるで時空がゆがんで、周囲のすべてがスローモーションで動いているかのような感覚を抱いた。

「良かった、本当におめでとう」

心でそう言ったつもりだったのに、その心の声は言葉として漏れ出てしまっていたようだ。

**リコ** おめでとう。良かったね。解放されたんだね。

**惣太** 早川さんのおかげです。実は早川さんと最後に会ったあの日の夜、なんで自分が一緒にいて苦しい相手と別れられないのかなって考えました。そうしたら、オレ自身が見捨てられる不安を持っていることに気づいたんです。

精神的にブレている人を見たら、自分がなんとかしなきゃって思ってしまう自分もいるけど、けっきょくはオレが見捨てられたくないからなんだって。

**彼女との関係の原因が、小さい頃から今に続く父さんや母さんとの関係の投影**だって早川さんに教えてもらって、あの日に気づけたんです。おかげで、そこと深く向き合えました。母さんに本当は言いたかったことや、父さんに本当は言いたかったことを整理してみました。ノートに書いてみたりして。

実は、あの日の夜みたいに早川さんがいるつもりで、早川さんに吐き出すつもりで言葉に出したりもしたんです。そうしていくと、マキコさんとの会話や日常の感じも全然変わったものになっていったんです。

**リコ** そうだったんだね。

**惣太** オレの心が解けていくにつれて、マキコさんのことも全然怖くなくなってきたというか。こんなことにとらわれていると自分のために良くないなと思って、正直に今考えていることを彼女に言ったりもしました。

そんなことが積み重なって昨日、マキコさんから「そんなに私があなたを苦しめていたんだね。今までごめんね」って彼女のほうから言ってきて。信じられないぐらい、なんか魔法にかかったように円満に別れることができました。マジで早川さんのおかげです。本当にありがとうございます。

**リコ** え、昨日!? 本当におめでとう。私のおかげだなんて、嬉しいけど、でも! それだったらそれで、連絡くれたら良かったのに。

私は少し頬を膨らませて、少しすねた態度を取ってみた。

**惣太** まさか、昨日別れて今日会うとは思っていなかったんですよ（笑）。それに「別れたんで会ってください」とオレから言うのは、あまりにも勝手すぎるよな、って。だから、「どこかで早川さんと会えるように……」と願っていたんです。再会したら、ちゃんと気持ちを伝えようと思って。

**リコ** 本当かな？ そんなこと言って、また若い子を探しに今日もこのライブに来たんじゃないの？

惣太〈早川さん!!　そんな冗談はやめてください。オレは真剣に……。

その言葉を遮るように、私は彼の腕をつかみ、上目遣いで彼を見つめてこう言った。

リコ〈村川さん。ううん、惣太さん。今言った「ちゃんと気持ちを伝える」って？なんですか？

彼は私に見惚れているようだった。
そして、心からあふれ出る感情をそのまま言葉にした。

惣太〈早川さん、これからずっとオレのそばにいてください。これは、早川さんが最初に言ってくれたことだけど、オレも早川さんのことだけをずっとまっすぐ見て生きていきたい。

その彼のまっすぐな告白に、私の胸はいっぱいになった。

**リコ** 嬉しい。私もずっとずっと、惣太さんが好きでした。

私は、治ったはずの泣き虫がまた発動してしまったのか、思わず泣きそうになった。そんな涙をごまかしたくて言葉を続けた。

**リコ** あ！　二人のこれからに乾杯しよ！　これからは二人で何度も何度も乾杯したい！

初めて乾杯したあの日の幸せな気持ちを思い出しながら、私はグラスを持ち上げようとした。次の瞬間、彼がその手を自分のほうに引き寄せ、私をギュッと抱きしめた。

彼とカラダが触れ合ったその瞬間、彼とのエネルギーがやっと一つになれたような感覚になった。

初めて会った日に思わず転びそうになったときとは違う。

最後のつもりで会った公園のときとも違う。

ここまでの地球ストーリーの中で、**それぞれが成長し、お互いに「主演の主人公」となったことで、魂がピタッとハマったような感覚だった。**

人混みの多いライブハウスで多くの視線を浴びても、私たちは吸い付いたように離れられなかった。そんな中、明らかに強いエネルギーを伴う視線を私は感じた。

美湖ちゃんだ！

私はすぐにそう気づいた。少し酔っ払った美湖ちゃんはニヤニヤしながら私たちのほうへとやってきた。

美湖〈ちょっとぉーリコちゃん、約束が違うじゃん！　トイレ行ってくるって言って、バーカウンターでイケメンとイチャイチャするってどういうことなのさぁ（笑）。

美湖ちゃんは、彼があの村川惣太であることを認識していなかった。

リコ〈美湖ちゃん、違うの誤解！　彼よ彼！　ずっと相談してた例の彼！

美湖〈えっ!? 例の彼って、彼って……あ!! えぇーーーー!! リコちゃん!!

リコ〈うん、そうなの美湖ちゃん、えぇーーーん。本当にありがとう。最後のあの「**ツインクリスタルの魔術**」が本当に効いたんだね。私一生、美湖ちゃんに感謝する。

美湖〈やーん、リコちゃん! おめでとう! クリスタルが、恋魔術が、リコちゃんの魔力が奇跡を生んだんだね!

惣太〈え、ミコチャン? クリスタル? 恋魔術? どういうこと?

ド派手な美湖ちゃんが割り込んできたことに加え、会話に出てくるワードにも彼は困惑していた。

リコ〈あ、惣太さん。こちらは美湖ちゃん。前に話した私の親友です。美湖ちゃんがずっと相談に乗ってくれていたの。

美湖〈やっほーーー♡　美湖です！

リコ〈最後の日にハグしてくれたとき、私がお守りを渡したのを覚えてる？

惣太〈覚えてるよ。魔法のお守りでしょ？

リコ〈うん、そう。それそれ。

惣太〈オレ、今日も持ってるよ。

そう言うと、彼はカバンの中から、あの日に私が渡したお守りの小さな巾着袋を取り出した。

惣太　実はオレ、苦しい感覚が湧いてきてつらかったときに握りしめてたんだ。

リコ　その布の巾着、開けてみて。

彼は私の言われるままに巾着を開け、透明なクリスタルを取り出した。

惣太　へぇー、キレイなクリスタル。こんなのが中に入ってたんだ。

リコ　そうなの。あの日、直接会って話すのは最後って決めてた。だから、それ以降はそのクリスタルに私のすべての思いを託したの。「惣太さんの心を守ってあげて」という思いを。そして、「いつか私たちの思いが一つになりますように」って。見て、これ。

そう言うと私はもう一つ、そっくりのクリスタルを彼に差し出した。

リコ　この二つはツインのクリスタル。親友の美湖ちゃんにいろいろ相談したって言ったじゃない？

実は、美湖ちゃんにいろいろな恋の魔術を教えてもらったの。そして、この二つのツインクリスタルに思いを込める魔術も、そのうちの一つ。

もう状況的に会えないと思ったから、このクリスタルに最後の望みをかけたんだ。**クリスタルってさ、そもそも作ろうと思ってできたものじゃなくてね、いくつもの偶然が重なり、そのエネルギーが数万年規模で凝縮した、まさに奇跡の結晶**なんだって。

美湖ちゃんに「最後に惣太さんに会いに行く」って相談したら、その思いをクリスタルに込めるようにアドバイスしてくれたの。そして、どんなふうにお別れをするにしても、必ずツインクリスタルの片割れをお守りとして相手に渡すように言われていたんだ。

惣太　なんか不思議な話だけど、確かにこのお守りを胸の辺りにかざすと、不思議と早川さんに話を聞いてもらって癒された優しい感覚に戻れたんだよね。そのたびに「会いたいなぁ」って気持ちがあふれてきて。そうなんだ。そういうカラクリだったたのか。……というか、魔術だね（笑）。

リコ そう、最後に会ってから今日まで、毎日クリスタルを通じて思いを伝えていたんだよ。「惣太さんの心を守って」という思いと、「いつか私たちの思いが一つになりますように」って。

美湖 そして二人は末永く幸せに暮らしましたとさ！ めでたし、めでたし。……って、本当におめでとう。これで恋魔術のレッスンは終了！ 一件落着!!

そう言って美湖ちゃんは、私たち二人をギュッとハグしてくれて、私の耳にこうささやいた。

美湖 ね？ 「地球ストーリー」は続いてたでしょ？ ハッピーエンドだったでしょ？

その瞬間、メインステージから歓声が聞こえた。ライブ演奏が始まったようだ。美湖ちゃんは私たちからパッと離れ、そそくさと最前列へと向かった。

私はライブ演奏を聴きながら、この数カ月間の恋魔術のレッスンを思い出していた。自分の心の穴の闇にずっと目を背けていた私は、彼との恋愛というストーリーを通じて、自分の闇と向き合い、その闇を「ブラックパワー」に変換できた。

今、魂監督の設定した地球ストーリーを「主演女優リコ」として自分らしく生き切っている。

この日のライブで、美湖ちゃんの友達であり、彼の推しでもあるアーティストが歌った歌詞は、まるで今日まで私が学んだ魔術の文脈を、そのまま言葉にしたようなものだった。

〝始まり　産声
生まれた瞬間に忘れ去ったそれまでの記憶
それらを思い出していく長い長い人生の物語
私たちは何かを学ぶため
この星に生まれてきた

出会い　繋がり　ときめき
互いの魂が共鳴する
シンクロニシティの導き
どんどん結びついて大きくなる
愛の渦巻きが
新しい地球を
今この瞬間も創り出している

暗闇　悲しみ
暗く冷たいどしゃ降りの雨が降る
凍える体　胸に突き刺さる痛み
そのあとで必ず差し込む
暖かな太陽のエネルギー
笑いながら　泣きじゃくりながら
今、全ての存在が歌っている〟

その歌詞を噛み締めながら、私と彼は見つめ合った。
私は、一番に愛されることを遠慮し、お姉ちゃんらしく振る舞っていた、あの頃の「闇」を懐かしく感じながら――。
彼は、精神的に不安定なお母さんを必死に支えようとし、自分の気持ちを抑圧して苦しくなった、あのときの「闇」を懐かしく感じながら――。

**闇が私たちを導いてくれた。**
**闇が私たちを繋いでくれた。**

私たちは、私たちの魂が惹かれ合った意味を噛み締めていた。

リコ 来るときにさ、美湖ちゃんに「今日ライブで男の人にナンパされても、美湖のことを置いていっちゃダメだよ」って言われてたけど、この場合は特別だよね？

惣太 うん。きっとさ、早川さんが幸せな時間を過ごすなら「オールＯＫ」って言ってくれそうな人だよね。

リコ ね！ それに見てよ。あの楽しそうな姿。

ライブ会場を圧倒する音のうねりに合わせて誰よりも楽しそうに踊る美湖ちゃんからは、魔法が放たれているようだった。

リコ 美湖ちゃん、ごめん先に帰るね。本当にありがとう！

聞こえていないのはわかっていたけれど、美湖ちゃんの背中にそっと挨拶をして、1秒でも早く二人きりになりたかった私たちはライブ会場を出ようとした。

その瞬間、聞こえるはずもない美湖ちゃんの笑い声が聞こえたような気がして振り返った。

すると美湖ちゃんは、あの小悪魔のような表情で、私たちの姿を見送っていた――。

恋魔術のやり方

## ツインクリスタルの魔術

1 一対のクリスタルを用意して、声をかけたり、磨いたり、飾ったり、持ち歩いたりして、そのクリスタルのことを愛する（するとクリスタルもあなたのことを好きになってくれて、クリスタルどうしも一緒にいたくなります）。

2 そのクリスタルの一つを、好きな相手に贈る。

3 相手に贈った後、手元にあるもう一方のクリスタルに「大好きだよ、会いたいね」などと、もう片方のクリスタルに思いをはせながら、毎日愛を送る。

### 解説

クリスタルやパワーストーンなどの鉱物は人工物ではなく、いくつもの偶然が重なり、地球や宇宙のエネルギーが数万年規模で凝縮した、まさに奇跡の結晶です。特にクリスタルは、膨大な情報エネルギーを保持すると言われています。

二つのクリスタルに「思い」というエネルギー情報をダウンロードし、互いにエネルギーを呼応させて好きな人に伝染させるのが、このツインクリスタルの魔術です。

相手に贈ったクリスタルが、あなたの思いのエネルギーに呼応して反応し、「〇〇ちゃんに会いたい！　大好き！　もう片方のクリスタルに会いたい！」と、あなたの手元にあるクリスタルへの愛のエネルギーを放つようになります。

やがて、そのクリスタルのそばにいる相手にも、クリスタルからあふれ出すエネルギーが伝染していき、あなたのことを「会いたい」「好き」と思うようになっていきます。

# おわりに

美湖です。最後まで読んでくださり、本当にありがとうございました。

ここまで読んでくださった方はきっと、「私の地球ストーリーはなんだろう？」と思われているのではないでしょうか？

人それぞれストーリーは千差万別なのですが、絶対に言えることがあります。それは、**「あなたの地球ストーリーはハッピーエンドに間違いない！」**ということです。

だって、生まれる前に自分の魂が自ら決めてきたストーリーでしょ？　自分で決めたのなら、ハッピーエンドにするに決まっていると思いませんか？（そうじゃない方もいるかもしれないけど、あなたはどう感じますか）

「そんなこと言ったって私の人生は今ドン底だよ」と思った方も安心してください。

もしハッピーエンドと決まっているならば、あなたの魂監督は地球ストーリーを面白くするために、波瀾万丈の起承転結を用意すると思いませんか？

だから、もしあなたに今、何か望まない現実が起きていたとしても、まだまだ地球ストーリーの途中だし、ハッピーエンドは間違いないので、**主演女優のあなたは思いっきりあなたらしく地球ストーリーを生きてください。**

この本で魔力を高めて、魔術も使って、どんどん望みを叶えていってくださいね！

……と、カッコ良く締めて終わりたいのですが、皆さまに告白したいことが二つあります。

まず一つ目の告白。

この本の著者は美湖となっていますが、実は美湖に降りてきた「ブラックパワー」に関して、作家・ライターであるクノタチホさんが土台を書き、プロデューサーの土《と》岐《き》総《そう》一郎《いちろう》さんが構成として入ってくださり、そして、美湖が最後に整えて書き上げ、魔法のエネルギーを込めています。普通はこんなこと告白しませんよね？

実はこの本を書いている最中に、まさに魔法のように不思議なことがたくさんあったんです。

土台となる原稿を初めて読んだとき、「美湖に降りてきたブラックパワー」の解釈が少し違う部分もあったのですが、この本に「どんな魔法で立ち現れたいの？」と心の中で問いかけて再度読んでみると、なんというか魔法のように「あれ？　さっきこんな文章だったっけ？」と美湖が伝えたいブラックパワーと文章が一致していき、「魔法がより伝わりやすいもの」になったという出来事が何度もあったのです。

本当に魔法みたいに文字が動いて、内容が書き換わっていったように感じました。自動書記のように書かされているようなときもあったりして、これまで3冊の本を書いていますが、こんな経験は初めてでした（笑）。

「この魔法が、この魔術が立ち現れたがっている」と、まさにわたし自身がこの本に魔法をかけられて、この本の魔法に動かされているような感覚だったのです。

不思議な話は、まだあります。

「美湖ちゃんは悪魔だ！」と友人から言われたことがきっかけで、このブラックパワーの魔術がわたしに降りてきて、この本を書くことができたのですが、わたしにその友人を紹介してくれたのが、クノタチホさんでした。

チホちゃんがその友人と初めて会ったときに、ずっとわたしの顔が浮かんで、「これは美湖ちゃんと繋げなきゃ」と思ったらしく、わたしをその友人にすぐ紹介してくれたのでした。こんな偶然ってありますか？

まさに「この魔術の本が立ち現れるために、魔法の流れを作った」としか考えられません。チホちゃんも間違いなく強い魔力を持っています。そんな魔力のエネルギーをこの本に込めたくて、チホちゃんに書いていただきました。

そして実はあなたも、魔法の流れの一部。**あなたの「地球ストーリー」にもこの本の魔術が必要で、だからこそ今この本を手にしてくれている**のだと思っています！

そして、二つ目の告白。

これを言うのは本当に本当に心苦しいのですが、実は、友人のリコちゃんはフィクションで、実在する人物ではありません。

「なんだよ！」「ショック！」「感動を返せ！」と思われた方、本当に本当にごめんなさい。

ですが、この本の魔術をわかりやすく、またこの本自体に魔法をかけるためには、読んでくださる皆さまに「感情レベル」で受け取っていただくことが必要なので、架空のリコちゃんに登場してもらうことにしました。

なので皆さまには、意識的にも無意識的にも魔法が届いていると思います。

そしてリコちゃんはフィクションでも、魔術のことや美湖の話はすべて本当なので安心してください。


そして最後に、皆さんにお詫びもかねて「プレゼント」があります。

実は「美湖ちゃんは悪魔だ！」と言った友人のシャーマンｒｉｙｏ《リヨ》くんは、彼もプロミュージシャンでありYouTuber。あのときに悪魔と言ってくれたことに心から感謝しています（笑）。

実は今、美湖とｒｉｙｏで「ｒｉｍｉｋｏ（リミコ）」というネオ神事ユニットをやっているんです。

今回、ｒｉｍｉｋｏで、「魔力が上がる魔法の曲」を制作しました。全員の方に無料でこの魔法曲をプレゼントさせていただきます。美湖のＬＩＮＥ公式アカウント（@neospi）から「魔法曲を受け取る」とメッセージくださいね！

そして最後に、わたしがいつもみんなにこっそりとかけていた悪魔の魔法……それは「みーんな、美湖のことを好きになーれ！」でした。

こう聞いて、「なーんだ、大したことないじゃん。可愛いもんだわ」って思った方もいるかもしれません。

今でこそ笑い話ですが、わたしはこの欲望が絶対にバレたくなかったし、そんな欲望を持っている自分を醜いと自己嫌悪していたんです。

でも、人の「闇」や「欲望」もそのまま出すと可愛いものです。そう、痛みが美しいように。

なので、**欲望まみれのあなたも、闇も魔も全部、可愛いし愛おしい♡**

**可愛く思えないくらいの闇だって、それこそまた「ブラックパワー」になります。**

欲望や痛みやネガティブな闇など全部「ブラックパワー」に変換して、魔力も魅力も上げて、恋も人生もズルいくらいにどんどん願いを叶えていってくださいね♡

2024年12月　美湖

美《み》湖《こ》

YouTuber、アカシックリーダー、恋愛講座主宰、元婚活塾講師、瞑想アーティスト、シンガーソングライター。80%以上が「愛される」を実感した、愛されまくる恋愛講座を主宰。2019年にYouTubeデビューし、ありのまま飾らない姿での発信が大人気となり、チャンネル登録者数は計10万人以上、SNSの総フォロワー数は20万人以上。また、離婚後も同居して子育てしながら支え合う「同居離婚」を選択し、純度高く生きる姿が共感を呼ぶ。新しい時代の生き方「ネオスピ」の先駆者としてムーブメントを拡大中。著書に『ネオスピ!!!』『「オールOK」で絶対うまくいく!』『スピリッチ習慣』(いずれもKADOKAWA)がある。

# 禁断《きんだん》の恋魔術《こいまじゅつ》

## 好《す》きな男《おとこ》の心理《しんり》をブラックパワーで自在《じざい》に操《あやつ》る

2024年12月19日　初版発行

著　美湖《みこ》

発行者　山下直久

発行　株式会社KADOKAWA

〒102-8177　東京都千代田区富士見2-13-3

電話0570-002-301(ナビダイヤル)

印刷所　TOPPANクロレ株式会社

製本所　TOPPANクロレ株式会社



●お問い合わせ
https://www.kadokawa.co.jp/(「お問い合わせ」へお進みください)
※内容によっては、お答えできない場合があります。
※サポートは日本国内のみとさせていただきます。
※Japanese text only
定価はカバーに表示してあります。


ISBN 978-4-04-607318-1　C0095